Edith Böhme/Kathrin Grävenstein/Olga Seib

Handlungsorientierter Mathematikunterricht

Stundenentwürfe mit Montessori-Material

5.–7. Klasse

Kopiervorlagen mit Lösungen

BRIGG VERLAG

Gedruckt auf umweltbewusst gefertigtem, chlorfrei gebleichtem
und alterungsbeständigem Papier.

4. Auflage 2026

Illustrationen: Julia Böhme
Layout/Satz: PrePress-Salumae.com, Kaisheim
Druck: Rausch Druck GmbH, Aindlinger Str. 14, 86167 Augsburg

ISBN 978-3-95660-**374**-7 www.brigg-verlag.de

Inhaltsverzeichnis

Vorwort

Beim Planen des Mathematikunterrichts stellte sich uns immer wieder die Frage: „Wie erreichen wir, dass die Schülerinnen und Schüler Freude an diesem Unterrichtsfach entwickeln und das Lernen nachhaltig wird? Wie können wir ihnen Raum geben und Zeit lassen für das Beschreiten eigener Wege, für eigene kreative Ansätze und Lösungen?“

Die Unterrichtsentwürfe in diesem Buch zeigen Ihnen eine Möglichkeit auf, diesem Vorhaben näherzukommen. Auf unserem Weg zum Ziel haben wir verschiedene „Werkzeuge“ eingesetzt und sie mehrfach erprobt:

- Spannende Aufgaben, hergeleitet aus Alltagssituationen, wecken die Neugier der Lernenden und zeigen ihnen die Bedeutung der Mathematik für ihr eigenes Leben.
- Verlaufspläne erläutern Ihnen, wie Montessori-Material in einen normalen Stundenverlauf integriert werden kann. Ganzheitliches Arbeiten nach dem Grundsatz Maria Montessoris: „Hilf mir, es selbst zu tun!“ wird in der Sekundarstufe realisiert. Die Schülerinnen und Schüler entwickeln auf diese Weise ihre eigenen Vorstellungen, formulieren mathematische Fragestellungen und finden selbstständig deren Lösungen. Unsere Erfahrungen haben uns gezeigt, dass die Lernenden die Inhalte, die sie selber gesucht, erarbeitet und präsentiert haben, besser behalten. Tipp-Karten und Präsentationshinweise bieten ihnen dabei Hilfestellungen. Zur Selbstkontrolle ihrer erarbeiteten Aufgaben sind Lösungen beigefügt. Differenzierte Aufgaben unterstützen den individuellen Lernprozess und tragen zu größerer Zufriedenheit der Lernenden bei. Kopiervorlagen und Bastelanleitungen bieten den Lehrkräften eine Orientierungshilfe und Arbeitserleichterung.
- Neben dem Erwerb von Fach- und Methodenkompetenz, ist auch das soziale Lernen wichtig. Dabei reichen uns einfache Belehrungen nicht aus. Montessori meint: „Wir erteilen nur den notwendigen Unterricht, das ist zu wenig, dies ist ein großer Fehler. Es muss ein anderer Weg gegangen werden.“[1] Dieser andere Weg bedeutet bei ihr den Jugendlichen im Unterricht und über den Unterricht hinaus soziale Erfahrungen zu ermöglichen. In den Stundenverläufen haben wir daher unterschiedliche Sozialformen wie Einzel- Partner- und Gruppenarbeit gewählt, um eine intensive Kooperation und die soziale Kompetenz der Schülerinnen und Schüler zu fördern. Aspekte wie gegenseitige Hilfestellung und Rücksichtnahme sowie Kommunikation und Organisation in der Gruppe, schulen das soziale Lernen und die Teamfähigkeit.

Insgesamt möchten wir Sie zu einem handlungsorientierten, ganzheitlichen Unterricht ermutigen. Denn auch in der Sekundarstufe gehören Denken, Handeln und Wissen zusammen.

---

1 Montessori, Maria: Frieden und Erziehung, 1973, S. 63

Gesamtdarstellung der Unterrichtsstunden

	1. Stunde	2. Stunde	3. Stunde	4. Stunde	5. Stunde	6. Stunde	7./8. Stunde	9. Stunde	10. Stunde
Thema der Stunde	Umwandeln von Brüchen in Dezimalbrüche	Multiplikation von Dezimalbrüchen	Volumenberechnung eines Quaders	Volumenberechnung des Klassenzimmers	Zufallsexperimente und Wahrscheinlichkeitsrechnung	Formen und Eigenschaften von Dreiecken	Namen und Eigenschaften von geometrischen Körpern	Quersummenregel	Einführung des Prozentbegriffs
Didaktischer Schwerpunkt	Anhand des Dezimalkreises von Montessori wandeln die Schüler Brüche in Dezimalbrüche um. Grundlage sind verschiedene Kochrezepte.	Die Schüler rechnen Yard in Meter um. Dabei üben sie die Multiplikation von Dezimalbrüchen.	Die Schüler legen Wattestäbchenboxen mit Einheitswürfeln aus und leiten die Formel für die Volumenberechnung eines Quaders her.	Die Schüler messen den eigenen Klassenraum selbstständig aus, berechnen das Volumen und ermitteln den Platzbedarf eines einzelnen Schülers.	Durch Zufallsexperimente mit zwei Würfeln beschäftigen sich die Schüler mit der Wahrscheinlichkeitsrechnung.	Das „Aufschlussreiche Dreieckspiel“ aus der Montessori-Pädagogik führt die Schüler auf eine Entdeckungsreise zur Klassifikation von Dreiecken.	Durch das Arbeiten an Stationen beschäftigen sich die Schüler mit den Namen und Eigenschaften von geometrischen Körpern.	Die Schüler leiten die Quersummenregel mithilfe von Murmeln her (in Anlehnung an die Montessori-Pädagogik).	Mithilfe des goldenen Perlenmaterials aus der Montessori-Pädagogik wird der Prozentbegriff „begreifbar“ gemacht.

- **Glühbirnen:**

  Das Angebot von Tipps und Lösungen unterstützt die Schüler darin eigenverantwortlich zu lernen, selbstständig Lösungswege zu finden und sich selbst oder gegenseitig zu kontrollieren.

? Diese Glühbirne zeigt an, wenn es zu einer Aufgabenstellung einen Tipp gibt.

! Diese Glühbirne kennzeichnet einen Tipp.

√ Diese Glühbirne kennzeichnet eine Lösung.

Darstellung der 1. Unterrichtsstunde

Thema der Unterrichtsstunde:

„Eine tolle Rezeptidee“ – Umwandlung von Brüchen in Dezimalbrüche

Ziele der Unterrichtsstunde:

Groblernziel:

Die Schülerinnen und Schüler sollen in einem Sachzusammenhang echte Brüche und gemischte Zahlen in Dezimalbrüche umwandeln und anschließend in einer geeigneten Einheit (g, kg, ml, l) angeben.

Feinlernziele:

Die Schülerinnen und Schüler sollen ...

- ... echte Brüche und gemischte Zahlen in Dezimalbrüche umwandeln, indem sie durch Erweitern oder Kürzen im Nenner eine Zehnerpotenz erhalten.
- ... die erweiterten Brüche in der Dezimalschreibweise angeben.
- ... ihre Ergebnisse mithilfe der Dezimalscheibe überprüfen, indem sie Bruchschablonen (1/4, 1/5, 1/8) auflegen und den zugehörigen Dezimalbruch ablesen.
- ... die Dezimalbrüche als natürliche Zahlen angeben und sie in eine geeignete Einheit umwandeln (z.B. 0,4 kg = 400 g oder 0,25 l = 250 ml).
- ... feststellen, dass die Menge an Erdbeeren, Quark, Parmesan und Sahne für die Rezepte nicht ausreichen.
- ... berechnen, welche Mengen der entsprechenden Zutaten noch fehlen, um das Menü zubereiten zu können.

△ *Didaktische Reserve:*

Die Schülerinnen und Schüler sollen ...

- ... das Rechenverfahren bei weiteren Beispielaufgaben anwenden.

Unterrichtsverlaufsplan der 1. Stunde

Zeit	Phase	Geplanter Unterrichtsverlauf	Arbeits-, Sozial-, Aktionsform	Medien, Materialien	Didaktisch-/ Methodischer-Kommentar
10 Min.	**Einstieg**	• L. legt Folie S. 8 mit zwei Rezepten auf den Overheadprojektor. • L. erzählt von einer Hauswirtschaftsgruppe, die das Menü zubereiten möchte. Die Gruppe hat folgende Zutaten zur Verfügung: • L. zeigt SuS die Lebensmittel (siehe Spalte rechts) oder heftet Bilder von Abbildung S. 9 an die Tafel. • SuS äußern sich und stellen fest, dass nicht klar ist, ob die Mengen der vorhandenen Lebensmittel für das Menü ausreichen. • Aufgabenstellung: „Sind die Vorräte für das Menü ausreichend?“	Gruppentische UG	• Folie (S. 8) • OHP • 2 l Milch • 400 g Sahne • 1200 g Erdbeeren • 500 g Grieß • 200 g Parmesan (• kein Quark) • evt. Bilder S. 9 • Tafel	Motivation Themenauswahl mit Alltagsbezug.
20 Min.	**Erarbeitung**	• SuS machen Vorschläge, wie man die Aufgabe lösen könnte. Z. B.: „Wir müssen die Brüche erst in Dezimalbrüche umwandeln und dann die Einheiten so umwandeln, dass sie den Angaben auf der Verpackung entsprechen. • L. leitet Gruppenarbeit ein und verteilt Gruppenaufträge. • SuS erarbeiten selbstständig einen Lösungsweg und gestalten diesen auf Plakaten für eine Präsentation. • Zur Differenzierung liegen Tipps bereit. • Zur Lösungskontrolle erhalten SuS Dezimalscheiben und Bruchschablonen (S. 16–18) • Schnelle Gruppen können eine Zusatzaufgabe lösen (zur quantitativen Differenzierung).	UG GA	• Tafel • ggf. Organisationskärtchen (S. 117) • Gruppenaufträge • Plakate (blanko) • Tipps • Dezimalscheiben (S. 16) • Bruchschablonen (S. 17–18)	Problemorientierter Ansatz. Selbständiges Arbeiten der Schüler wird gefördert. Organisationskärtchen (S. 117) erleichtern einen reibungslosen Ablauf der GA.
15 Min.	**Sicherung** Präsentation	• Ausgeloste Gruppen präsentieren ihre Ergebnisse. • SuS vergleichen ihre Ergebnisse und nehmen Stellung zum Ausgangsproblem. • L.: „Welche Mengen an entsprechenden Lebensmitteln fehlen noch, um das Menü zubereiten zu können?“ • SuS tauschen sich innerhalb ihrer Gruppen aus und machen Lösungsvorschläge. • Die Rezepte und die Plakate der Schüler können zum besseren Vergleich nebeneinander aufgehängt werden.	Schülerpräsentationen UG GA	• Plakate • Lösung	Verinnerlichung/ Verbalisierung des Lösungsweges
		Didaktische Reserve/ Hausaufgabe: • SuS erhalten ein AB. • SuS kontrollieren selbstständig ihre Ergebnisse.	EA	• AB • Lösungen AB	Festigung des Erlernten

Einstiegsfolie

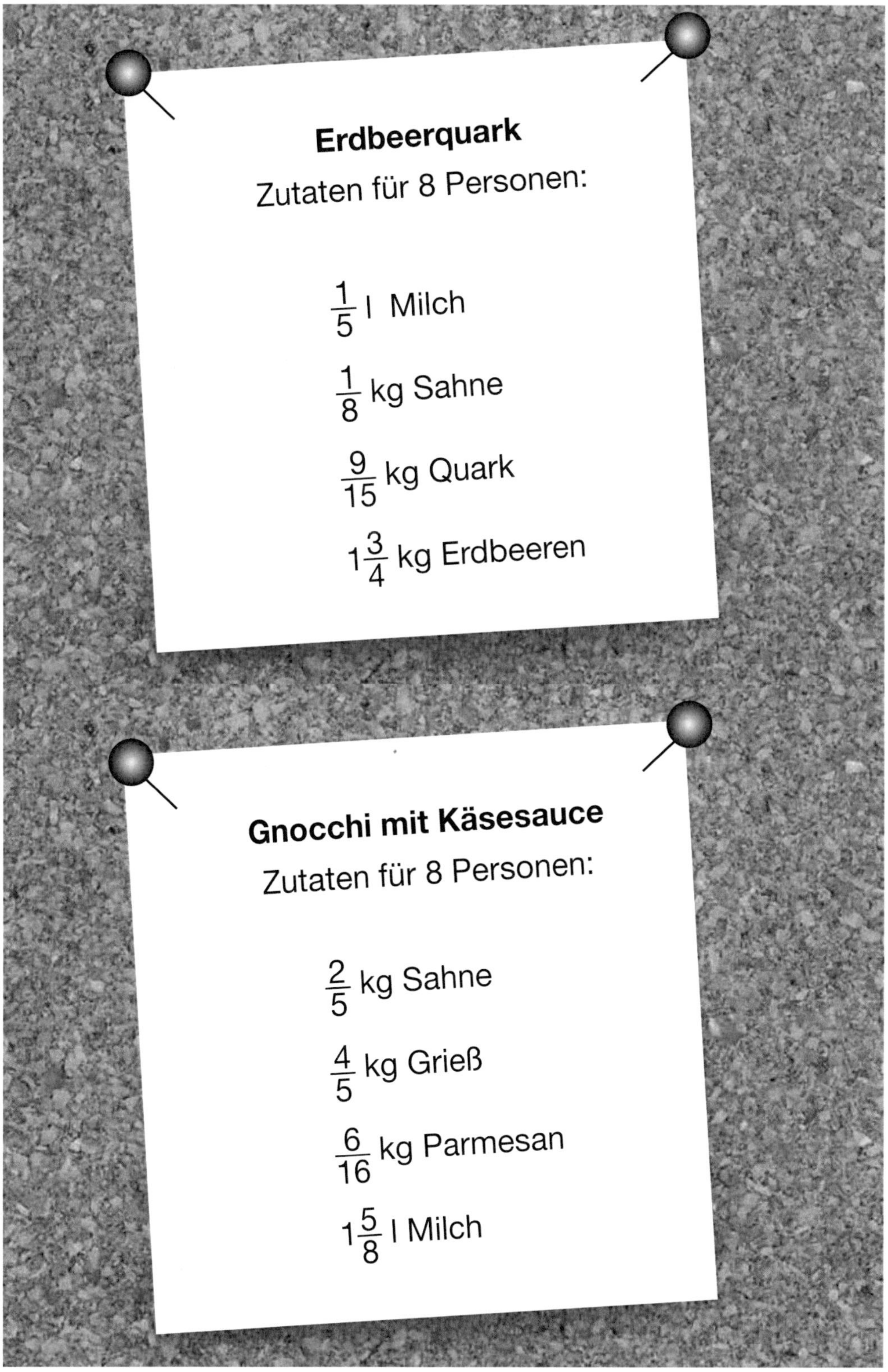

Mengen der vorhandenen Lebensmittel:

2 Liter Milch, 1200 g Erdbeeren, 500 g Grieß, 200 g Parmesan, 400 g Sahne

Abbildungen für den Einstieg

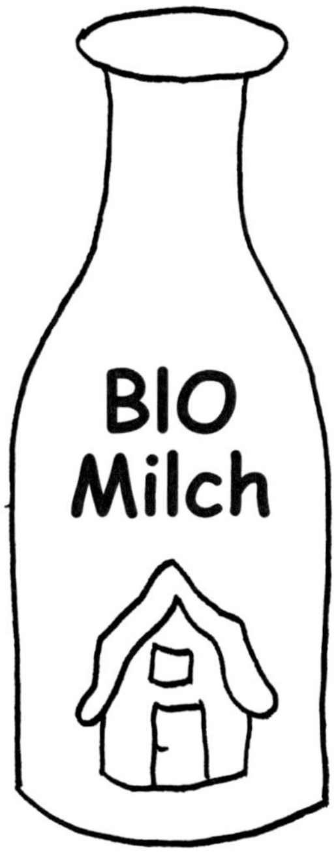

2 l Milch

400 g Sahne

1200 g Erdbeeren

500 g Grieß

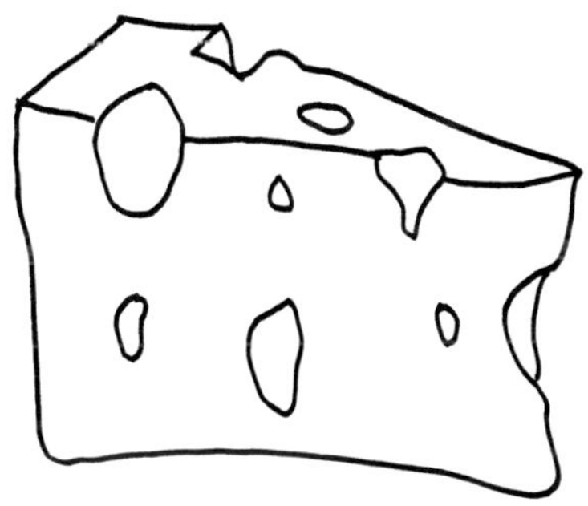

200 g Parmesan

Gruppenauftrag

Gruppe: Erdbeerquark

1 Wandelt die Bruchzahlen in Dezimalbrüche um.

2 Überprüft eure Ergebnisse mit der Dezimalscheibe.

3 Gebt das Ergebnis in einer sinnvollen Einheit an (g oder kg / ml oder l).

4 Notiert euren Lösungsweg und die Ergebnisse auf ein Plakat.

Zusatzaufgabe

Das Rezept ist für 8 Personen vorgesehen.
Welche Mengen an Zutaten werden für 16 Personen benötigt?

Viel Spaß!

Wenn ihr Probleme habt, holt euch einen TIPP!

✂

Gruppenauftrag

Gruppe: Gnocchi mit Käsesauce

1 Wandelt die Bruchzahlen in Dezimalbrüche um.

2 Überprüft eure Ergebnisse mit der Dezimalscheibe.

3 Gebt das Ergebnis in einer sinnvollen Einheit an (g oder kg / ml oder l)

4 Notiert euren Lösungsweg und die Ergebnisse auf ein Plakat.

Zusatzaufgabe

Das Rezept ist für 8 Personen vorgesehen.
Welche Mengen an Zutaten werden für 16 Personen benötigt?

Viel Spaß!

Wenn ihr Probleme habt, holt euch einen TIPP!

Umwandlung von Brüchen in Dezimalbrüche

TIPP

1 Erweitert den Nenner auf 10, 100 oder 1000.

Beispiel: $\frac{1}{4}$ kg $\overset{\cdot 25}{=}$ $\frac{25}{100}$ kg

2 Wandelt anschließend in einen Dezimalbruch um.

Beispiel: $\frac{25}{100}$ kg = 0,25 kg

3 Anschließend müsst ihr den Dezimalbruch in eine geeignete Einheit umwandeln. Hinweis: 1 kg = 1000g / 1 l = 1000 ml

Beispiel: 0,25 kg = 250 g

✂

Tipps zur Plakatgestaltung

- Groß und deutlich schreiben!
- Überschrift nicht vergessen!
- Rechenweg notieren!
- Einheiten (kg, g bzw. l, ml) nicht vergessen!
- Ergebnis aufschreiben!

✂

Zusatzaufgabe

TIPP

Es sind 16 Personen, das heißt ihr benötigt die doppelte Menge an Zutaten!

Umwandlung von Brüchen in Dezimalbrüche

Arbeitsblatt

1 Schreibe die Angaben des Rezepts als Dezimalbrüche und gib anschließend die Mengen in Gramm bzw. Milliliter an! Überprüfe nun deine Ergebnisse anhand der Lösungen. Eine Zahl bleibt übrig.

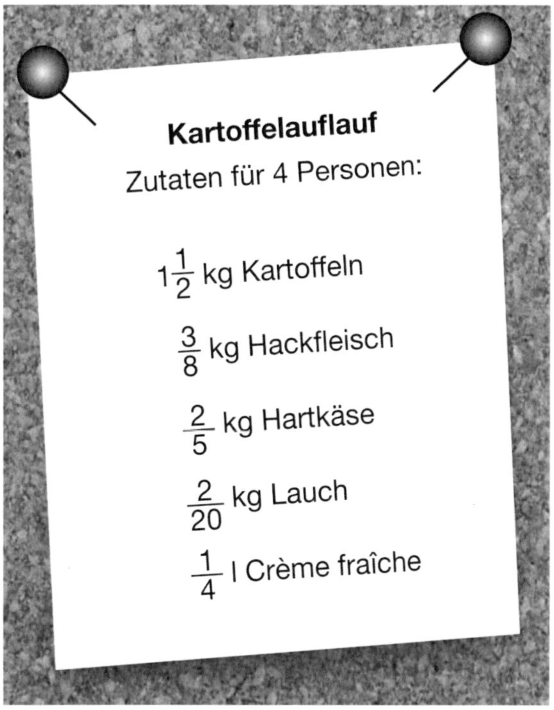

Hinweis:
1 kg = 1000 g
1l = 1000 ml

____

____

____

____

____

____

Lösungen: 375 g; 250 ml; 400 g; 1500 g; 100 g, 350 ml

2 Erweitere oder kürze und schreibe dann als Dezimalbruch.

a) $\frac{9}{20}$ = __________ b) $\frac{7}{25}$ = __________ c) $\frac{3}{50}$ = __________

d) $\frac{4}{8}$ = __________ e) $\frac{9}{12}$ = __________ f) $\frac{21}{70}$ = __________

g) $4\frac{1}{5}$ = __________ h) $9\frac{5}{8}$ = __________ i) $1\frac{4}{25}$ = __________

Lösungen:

0,75 ***4,2*** ***0,3*** ***1,16*** ***0,06***
0,5 ***9,625*** ***0,45*** ***0,28***

Gruppe: Erdbeerquark

Lösungen

Erdbeerquark

Zutaten für 8 Personen:

$\frac{1}{5}$ l = $\frac{2}{10}$ l = 0,2 l Milch

$\frac{1}{8}$ kg = $\frac{125}{1000}$ kg = 125 g Sahne

$\frac{9}{15}$ kg = $\frac{6}{10}$ kg = 600 g Quark

$1\frac{3}{4}$ kg = $1\frac{75}{100}$ kg = 1750 g Erdbeeren

✂

Gruppe: Gnocchi mit Käsesauce

Lösungen

Gnocchi mit Käsesauce

Zutaten für 8 Personen:

$\frac{2}{5}$ kg = $\frac{4}{10}$ kg = 400 g Sahne

$\frac{4}{5}$ kg = $\frac{8}{10}$ kg = 800 g Grieß

$\frac{6}{16}$ kg = $\frac{375}{1000}$ kg = 375 g Parmesan

$1\frac{5}{8}$ l = $1\frac{625}{1000}$ l = 1,625 l Milch

Zusatzaufgabe

Lösung

Erdbeerquark

Zutaten für 16 Personen:

$\frac{2}{5}$ l Milch

$\frac{1}{4}$ kg Sahne

$1\frac{1}{5}$ kg Quark

$3\frac{1}{2}$ kg Erdbeeren

✂

Zusatzaufgabe

Lösung

Gnocchi mit Käsesauce

Zutaten für 16 Personen:

$\frac{4}{5}$ kg Sahne

$1\frac{3}{5}$ kg Grieß

$\frac{3}{4}$ kg Parmesan

$3\frac{1}{4}$ l Milch

Lösung

Welche Mengen an entsprechenden Lebensmitteln fehlen noch, um das Menü zubereiten zu können?“

	benötigte Menge	ausreichend	es fehlen …
Milch	0,2 l + 1,625 l = 1,825 l	X	
Sahne	125 g + 400 g = 525 g		***125 g***
Quark	600 g		***600 g***
Parmesan	375 g		***175 g***
Erdbeeren	1750 g		***550 g***
Grieß	800 g		***300 g***

✂

Arbeitsblatt Lösung

1

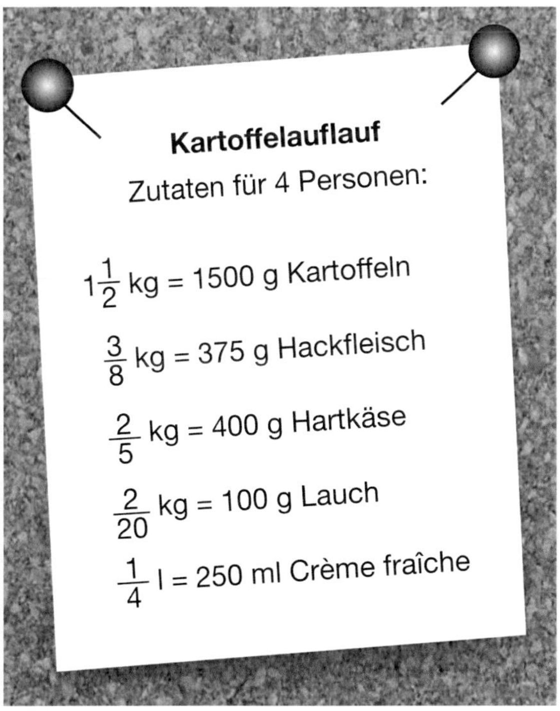

2

a) $\frac{9}{20} = 0{,}45$

b) $\frac{7}{25} = 0{,}28$

c) $\frac{3}{50} = 0{,}06$

d) $\frac{4}{8} = 0{,}5$

e) $\frac{9}{12} = 0{,}75$

f) $\frac{21}{70} = 0{,}3$

g) $4\frac{1}{5} = 4{,}2$

h) $9\frac{5}{8} = 9{,}625$

i) $1\frac{4}{25} = 1{,}16$

Dezimalbruchscheibe

Lege auf diese Scheibe die entsprechenden ausgeschnittenen Bruchschablonen.
Ordne die Schablone so an, dass du bei der Zahl 0 beginnst.
Dann kannst du am Kreisrand ablesen, wie die zugehörige Dezimalzahl heißt.

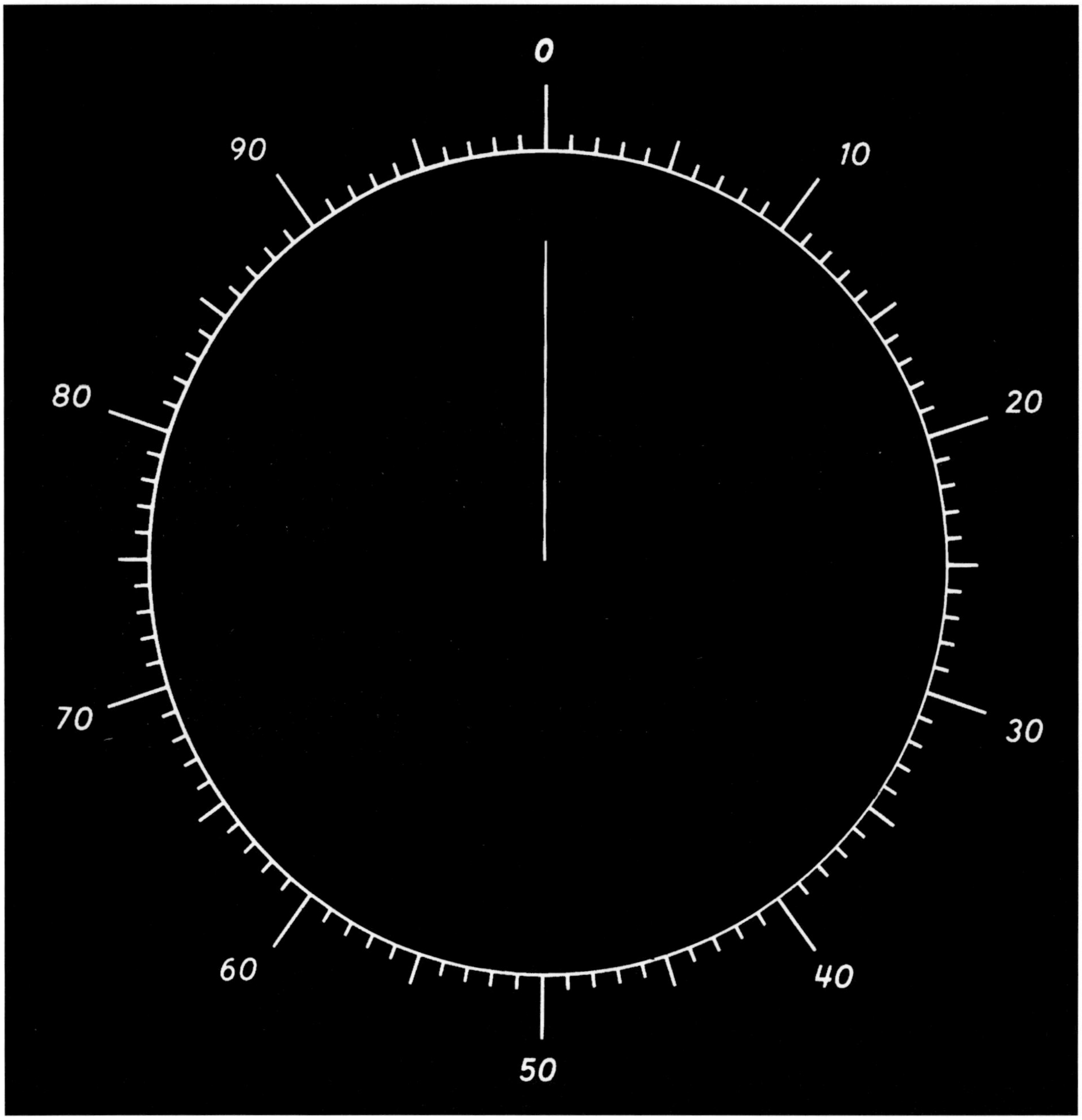

Bruchschablonen mit Bruchteilen zum Anlegen an die Dezimalbruchscheibe

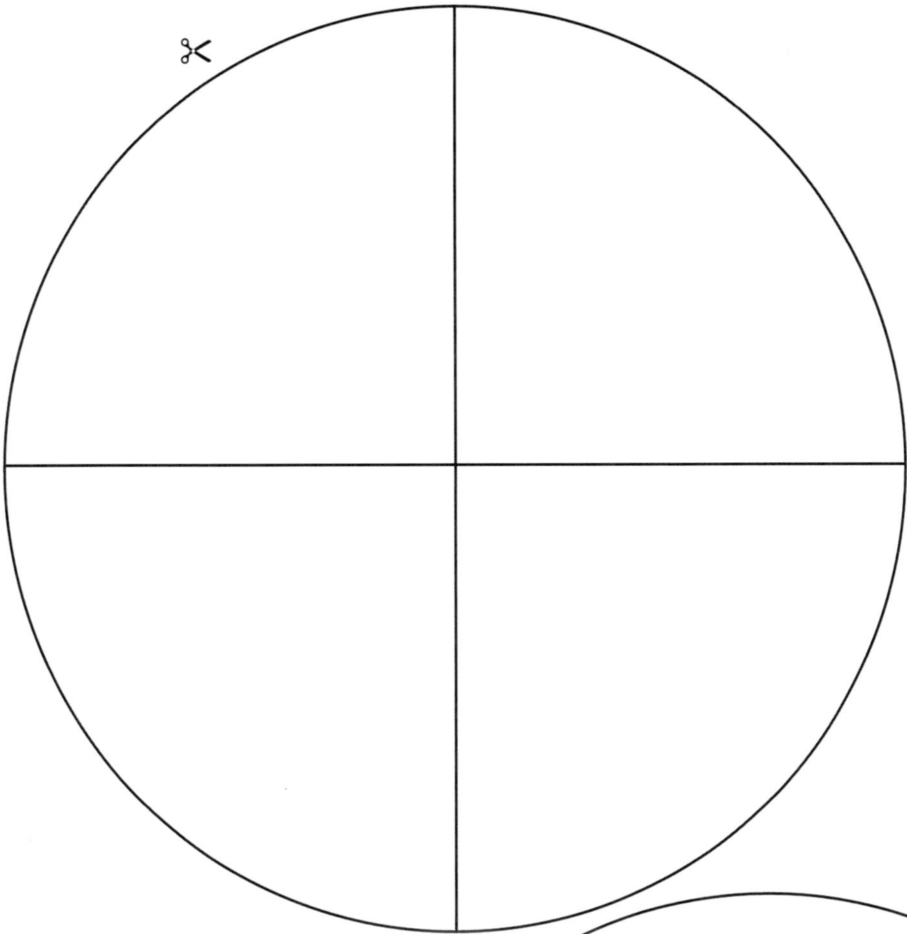

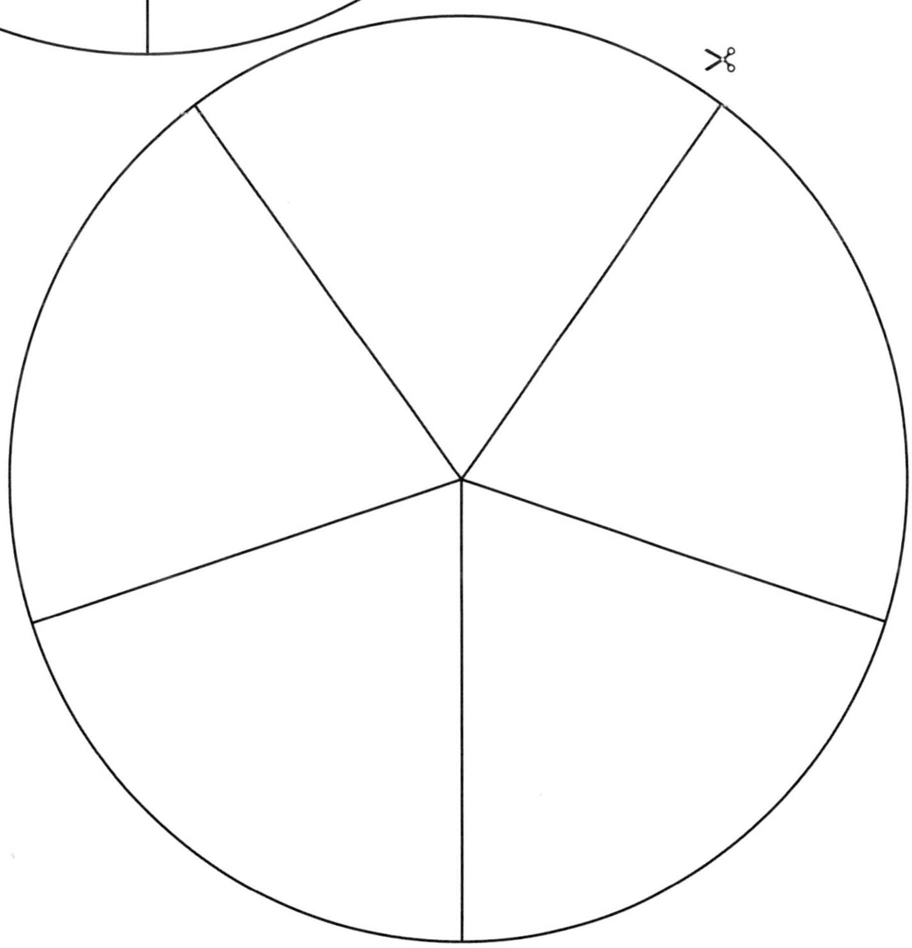

Bruchschablonen mit Bruchteilen zum Anlegen an die Dezimalbruchscheibe

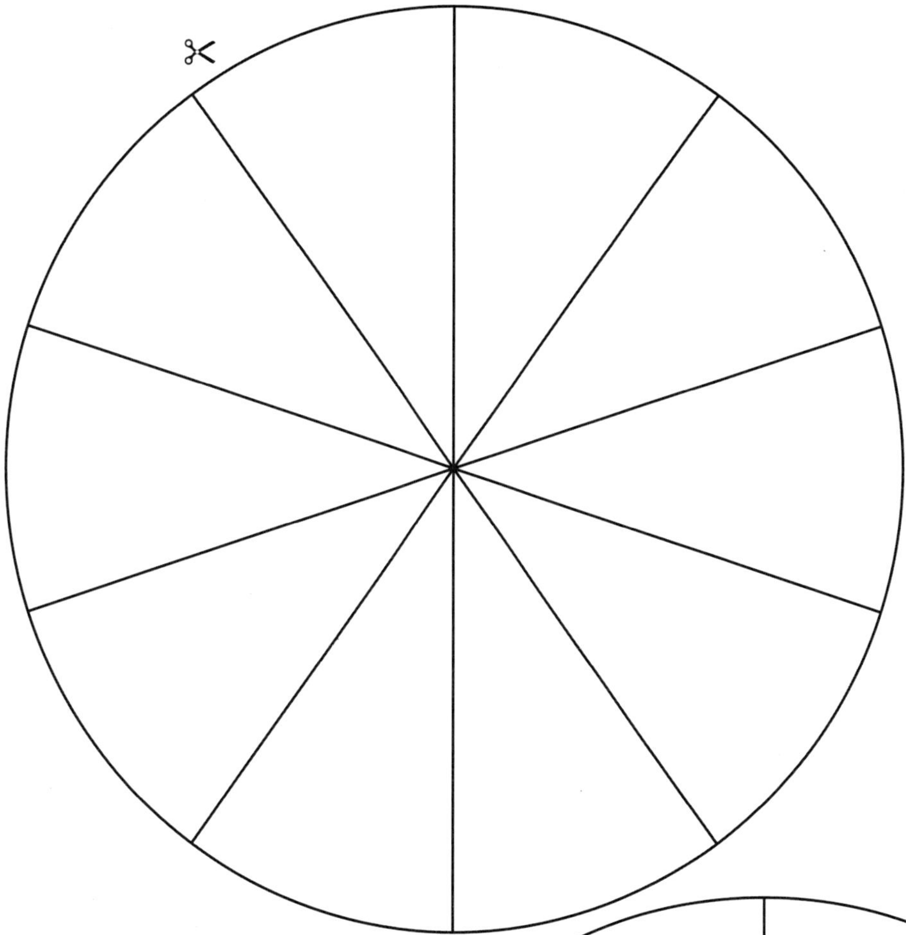

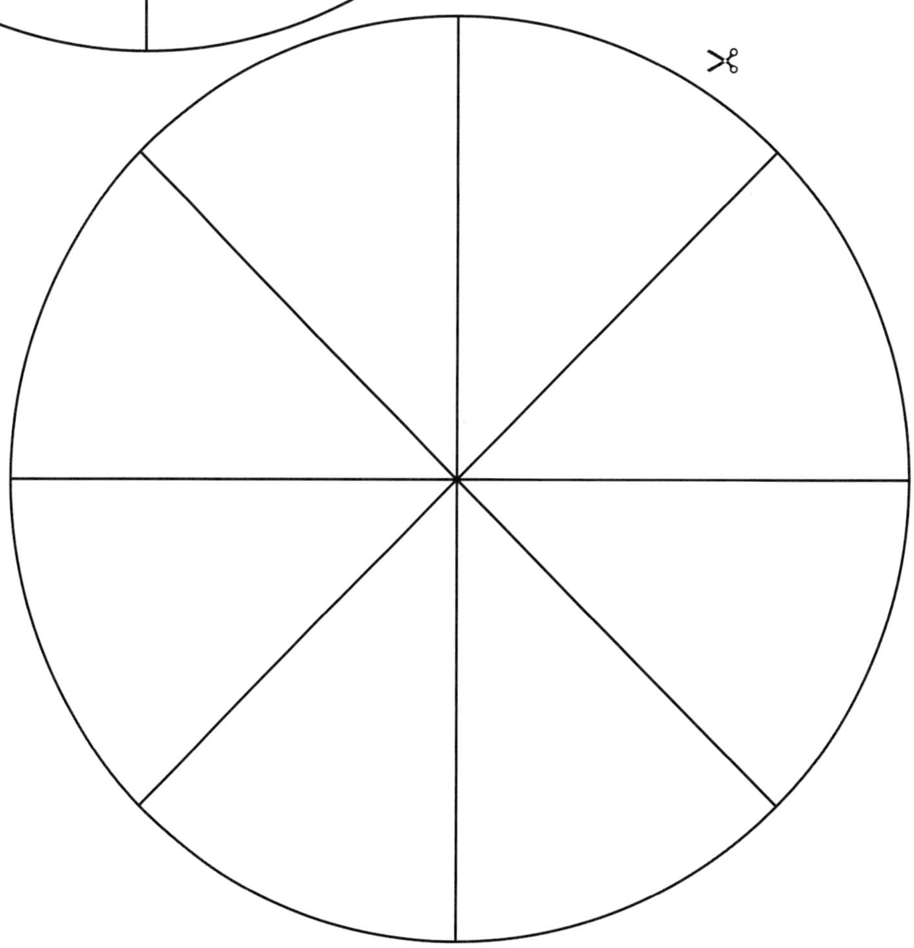

Darstellung der 2. Unterrichtsstunde

Thema der Unterrichtsstunde:

„Rund um das Fußballfeld“ – Multiplikation von Dezimalbrüchen

Ziele der Unterrichtsstunde:

Groblernziel:

Die Schülerinnen und Schüler sollen Yard in Meter umrechnen können, indem sie mit Dezimalbrüchen schriftlich multiplizieren.

Feinlernziele:

Die Schülerinnen und Schüler sollen ...

- ... die für die Berechnung der Flächen (Spielfeld, Strafraum und Torraum) notwendigen Maße aus der Spielfeldabbildung entnehmen.
- ... die Maßeinheit Yard in Meter umrechnen, indem sie mit dem Umrechnungsfaktor 0,9144 multiplizieren.
- ... die Flächen (Spielfeld, Straffraum, Torraum) durch schriftliche Multiplikation berechnen.
- ... das Komma im Ergebnis korrekt setzen, indem sie im Produkt von rechts beginnend so viele Dezimalstellen abzählen, wie beide Faktoren zusammen besitzen.
- ... die Ergebnisse auf zwei Nachkommastellen runden.
- ... durch schriftliche Addition der Teilflächen die Gesamtfläche der Spielfeldplane berechnen.

☆ *Zusatzaufgabe:*

Die Schülerinnen und Schüler sollen ...

- ... die Kosten der Plane für die von ihnen errechnete Fläche (Spielfeld, Strafraum oder Torraum) durch schriftliche Multiplikation ermitteln.

△ *Didaktische Reserve:*

Die Schülerinnen und Schüler sollen ...

- ... das Rechenverfahren bei weiteren Aufgabenstellungen anwenden: Sie sollen den genauen Abstand des Elfmeterpunktes sowie die Maße eines Tores errechnen.

Unterrichtsverlaufsplan der 2. Stunde

Zeit	Phase	Geplanter Unterrichtsverlauf	Arbeits-, Sozial-, Aktionsform	Medien, Materialien	Didaktisch-/ Methodischer-Kommentar
8 Min.	**Einstieg**	• L. erzählt, dass der Platzwart eines Fußballvereins ein Problem bzgl. einer Bestellung hat. • L. verteilt Rollenspiel. Inhalte aus dem Rollenspiel (Gestaltung der Plane) werden parallel auf Folie visualisiert. • SuS geben die Inhalte aus dem Rollenspiel wieder und äußern sich zu dem Problem des Platzwarts. • Aufgabenstellung: „Wie viel m² Plane müssen bestellt werden?" • L. notiert die Aufgabe an der Tafel.	Gruppentische UG	• OHP • Folie • Rollenspiel (S. 21) • Tafel	Thema motiviert die Schüler.
20 Min.	**Erarbeitung**	• SuS machen Vorschläge für die Problemlösung, z. B.: „Wir müssen die Flächen vom Spielfeld, Strafraum und Torraum berechnen. Wir müssen dazu die Längen in Meter umrechnen." • L. leitet Gruppenarbeit ein. L. verteilt die Gruppenaufträge und Kopien der Spielfeldfolie mit den Längenangaben. • SuS erarbeiten selbstständig einen Lösungsweg und gestalten diesen für eine Präsentation auf Folien oder Plakaten. • Zur Differenzierung liegen Tipps bereit. • Schnelle Gruppen können eine Zusatzaufgabe lösen (zur quantitativen Differenzierung). • SuS kontrollieren ihre Ergebnisse. • Die Gruppen notieren die jeweils errechneten Flächen auf Pappkärtchen.	UG GA	• Tafel • Gruppenaufträge • Kopien der Spielfeldfolie • Folien oder Plakate (blanko) • Pappkärtchen • Tipps • Lösungen • Organisationskärtchen (S. 117)	Organisationskärtchen (S. 117) erleichtern einen reibungslosen Ablauf der GA.
17 Min.	**Sicherung** Präsentation	• Ausgewählte Gruppen präsentieren ihren Lösungsweg auf Folie bzw. Plakat. • SuS vergleichen ihre Ergebnisse. • Jede Gruppe heftet ihr Ergebnis an die Tafel. • L. erinnert ggf. an die Aufgabenstellung. • SuS erklären, dass die einzelnen Flächen addiert werden müssen, um die Gesamtmenge an Plane zu bestimmen. • SuS berechnen die Gesamtmenge. • Ein/e Schüler/in nennt das Ergebnis und erläutert sein/ihr Vorgehen mithilfe der Pappkärtchen an der Tafel.	Schülerpräsentationen UG EA mit Gruppenhilfe	• OHP • Folien oder Schülerplakate • Kärtchen mit Ergebnissen • Tafel • Lösung	Verinnerlichung/ Verbalisierung des Lösungsweges
		Didaktische Reserve/Hausaufgabe: • SuS erhalten ein AB. • SuS kontrollieren selbstständig ihre Ergebnisse.	EA mit Partnerhilfe	• AB • Lösungen AB	Anwendung

Rollenspiel

Erzähler: Platzwart Kalle telefoniert mit seinem Kumpel Uwe!

Uwe: „Hallo, Kalle, wie geht's?"

Kalle: „Hey, du ich bin total im Stress, die ständigen Fußballspiele machen noch einen alten Mann aus mir.
Nächsten Sonntag ist doch hier das wichtigste Spiel des Jahres. Unsere Mannschaft will unbedingt gewinnen.
Wegen des miserablen Wetters ist der Boden total aufgeweicht. Wir versuchen gerade alles, um das Feld noch rechtzeitig trocken zu kriegen.
Vom Chef hab ich gerade ein Fax erhalten! Ich soll sofort eine wetterfeste Plane für das Stadion bestellen. Die muss noch bis Freitag fertiggestellt werden."

Uwe: „Ja und, wo ist das Problem?"

Kalle: „Ach weißt du, die Plane soll auch noch besonders schön aussehen. Die Grundplane wird weiß. Auf die Strafräume werden noch zusätzliche Planen in goldgelb gelegt und auf die beiden Torräume jeweils eine weitere in rot. Anschließend werden die Planen aufeinander gelegt und vernäht.
Die Firma benötigt in der nächsten Stunde die Info darüber, wie groß die einzelnen Planen werden sollen, um einen Kostenvoranschlag machen zu können."

Uwe: „Ist doch einfach. Da musst du doch nur die Flächen berechnen!"

Kalle: „Das dachte ich auch erst. Aber auf meinem Plan sind die Maße von unserem Spielfeld in Yard angegeben. Was um Himmels Willen sind Yard?"

Uwe: „Du weißt nicht was Yards sind? Mensch, Kalle! Yard ist eine englische Maßeinheit! Fußball hat doch seinen Ursprung in England. Und die Maße sind auf der ganzen Welt übernommen worden. Hast du dich etwa noch nie gefragt warum das Tor immer 7,32 m breit und 2,44 m hoch ist?"

Kalle: „Na toll, aber die Firma benötigt die Fläche in Quadratmeter und nicht in Quadratyard, falls es so etwas überhaupt gibt."

Uwe: „Du, ich würde dir das ja schnell umrechnen, aber ich muss meine Kinder von der Schule abholen, sonst gibt's Ärger mit meiner Frau!"

Kalle: „Kein Problem, Uwe. Mir kommt da gerade eine Idee, wer mir da helfen kann. Trotzdem vielen Dank und grüß die Familie."

Uwe: „Mach ich, Tschüss!"

Folie – Entwurf für die Plane

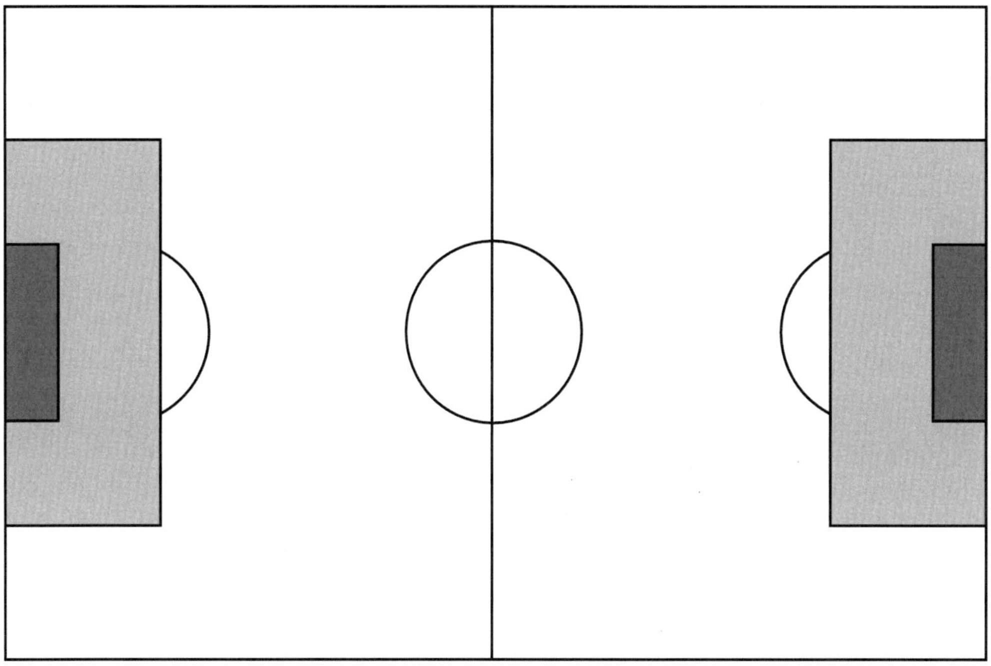

✂

Maßangaben des Spielfeldes in Yard (yd)

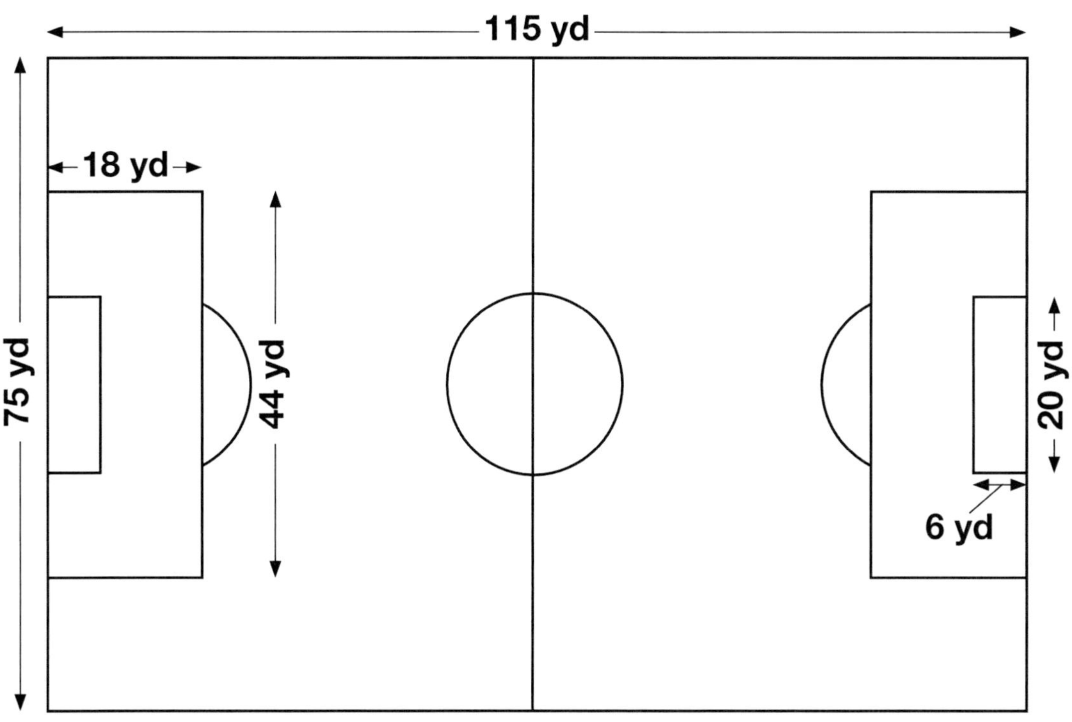

Gruppenauftrag

Gruppe: Torraum

1 Berechnet die Fläche des Torraumes.
Die Maße könnt ihr der Spielfeldabbildung entnehmen.

Achtung!

1 Yard = 0,9144 m

2 Rundet alle Ergebnisse auf zwei Stellen nach dem Komma und rechnet mit den gerundeten Zahlen weiter.

3 Schreibt euren Lösungsweg auf eine Folie oder ein Plakat.

4 Notiert das Endergebnis auf das dafür vorgesehene Pappkärtchen.

Wenn ihr Probleme habt, holt euch einen TIPP!

Zusatzaufgabe

Ein Quadratmeter besonders stabile Wetterplane kostet 5 Euro.
Wie teuer wird die Plane für den Torraum?

Wenn ihr Probleme habt, holt euch einen TIPP!

Gruppenauftrag

Gruppe: Strafraum

1 Berechnet die Fläche des Strafraumes.
Die Maße könnt ihr der Spielfeldabbildung entnehmen.

Achtung!

1 Yard = 0,9144 m

2 Rundet alle Ergebnisse auf zwei Stellen nach dem Komma und rechnet mit den gerundeten Zahlen weiter.

3 Schreibt euren Lösungsweg auf eine Folie oder ein Plakat.

4 Notiert das Endergebnis auf das dafür vorgesehene Pappkärtchen.

Wenn ihr Probleme habt, holt euch einen TIPP!

Zusatzaufgabe

Ein Quadratmeter besonders stabile Wetterplane kostet 5 Euro.
Wie teuer wird die Plane für den Strafraum?

Wenn ihr Probleme habt, holt euch einen TIPP!

Gruppenauftrag

Gruppe: Spielfeld

1 Berechnet die Fläche des Spielfeldes.
Die Maße könnt ihr der Spielfeldabbildung entnehmen.

> *Achtung!*
>
> 1 Yard = 0,9144 m

2 Rundet alle Ergebnisse auf zwei Stellen nach dem Komma und rechnet mit den gerundeten Zahlen weiter.

3 Schreibt euren Lösungsweg auf eine Folie oder ein Plakat.

4 Notiert das Endergebnis auf das dafür vorgesehene Pappkärtchen.

Wenn ihr Probleme habt, holt euch einen TIPP!

Zusatzaufgabe

Ein Quadratmeter besonders stabile Wetterplane kostet 5 Euro.
Wie teuer wird die Plane für das Spielfeld?

Wenn ihr Probleme habt, holt euch einen TIPP!

Gruppenaufträge

TIPP

Zur Umrechnung von Yards in Meter:

Es gilt: 1 Yard = 0,9144 Meter
An dieser Stelle müsst ihr schriftlich multiplizieren!

Beispiel: 24 mal 0,9144m

$$\begin{array}{r} \underline{24 \cdot 0{,}9144} \\ 00\ 0000 \\ 21\ 6000 \\ 2400 \\ 960 \\ \underline{96} \\ \underline{21{,}9456} \end{array}$$

24 Yards sind 21,9456 Meter!

21,9456 m ≈ 21,95 m

- **Die Formel zur Flächenberechung lautet: A = Länge · Breite**

✂

Zusatzaufgabe ☆

TIPP

Um die Kosten für die Plane zu ermitteln, müsst ihr die Fläche mit dem Preis multiplizieren!

Rund um das Fußballfeld

Arbeitsblatt

1 Wie viel Meter ist der Elfmeterpunkt eigentlich vom Tor entfernt?

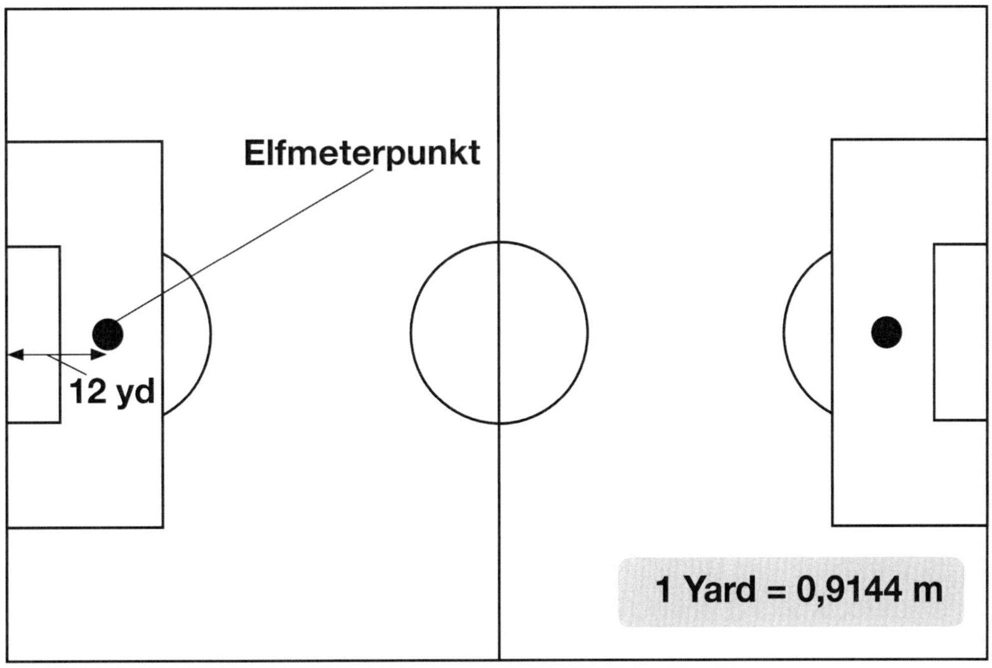

Rechnung:

Antwort:

2 Welche Maße hat ein Fußballtor?
Ein Tor ist 8 Yard breit und 8 Fuß hoch!

1 Fuß = 0,3048 m

(Rechne im Heft!)

Welche Maße stimmen? Male sie farbig an.

Maßangaben des Spielfeldes in Meter!

Lösung

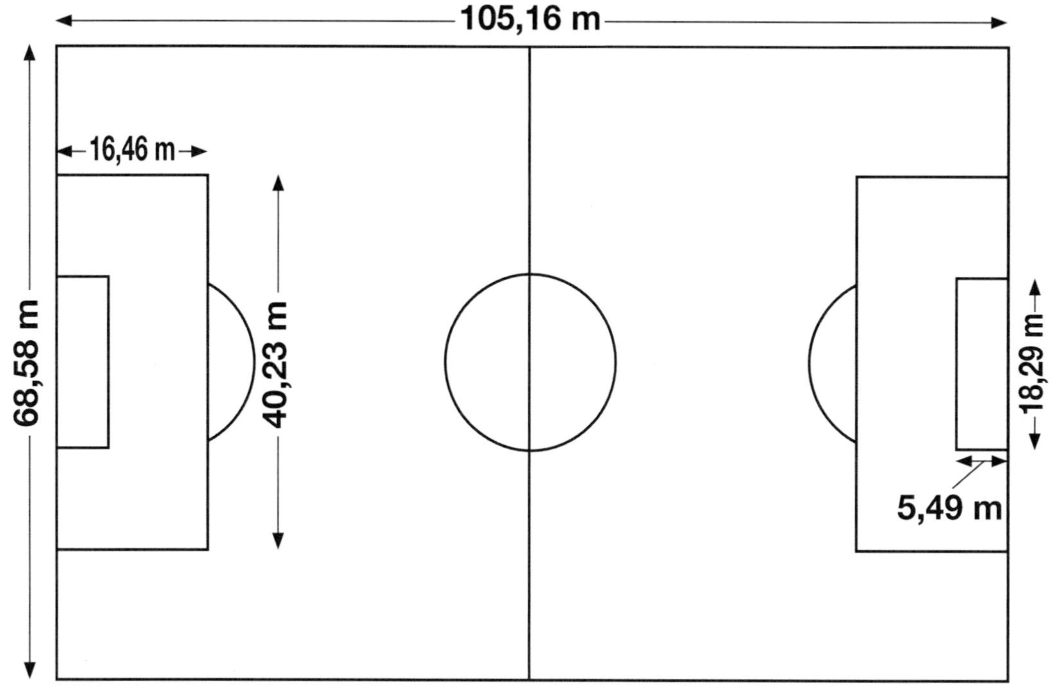

✂

Gruppe: Torraum

Lösung

6 · 0,9144 m = ***5,4864 m ≈ 5,49 m***
20 · 0,9144 m = ***18,288 m ≈ 18,29 m***
5,49 m · 18,29 m = ***100,4121 m²***
100,4121 m² ≈ ***100,41 m²***

Zusatzaufgabe: ☆
100,41 · 5 = ***502,05***
Das Stück Plane
kostet 502,05 €.

✂

Gruppe: Strafraum

Lösung

18 · 0,9144 m = ***16,4592 m ≈ 16,46 m***
44 · 0,9144 m = ***40,2336 m ≈ 40,23 m***
16,46 m · 40,23 m = ***662,1858 m²***
662,1858 m² ≈ ***662,19 m²***

Zusatzaufgabe: ☆
662,19 · 5 = ***3310,95***
Das Stück Plane
kostet 3310,95 €.

Gruppe: Spielfeld

Lösung

115 · 0,9144 m = ***105,156 m*** ≈ ***105,16 m***
75 · 0,9144 m = ***68,58 m***
105,16 m · 68,58 m = ***7211,8728 m²***
7211,8728 m² ≈ ***7211,87 m²***

Zusatzaufgabe: ☆
7211,87 · 5 = ***36059,35***
Das Stück Plane
kostet 36059,35 €.

✂

Lösung

Wie viel m² Plane müssen bestellt werden?

	7211,87 m²
+	662,19 m²
+	662,19 m²
+	100,41 m²
+	100,41 m²
	8737,07 m²

✂

Rund um das Fußballfeld

Arbeitsblatt Lösung

1 ***10,97 m***

2 ***Torbreite: 7,32 m***
Torhöhe: 2,44 m

Darstellung der 3. Unterrichtsstunde

Thema der Unterrichtsstunde:

„Eine Jubiläumsverpackung für Gummibärchen"
– Volumenberechnung eines Quaders

Ziele der Unterrichtsstunde:

Groblernziel:

Die Schülerinnen und Schüler sollen in einem Sachzusammenhang die Formel zur Volumenberechnung des Quaders (Volumen = Länge mal Breite mal Höhe) herleiten, begründen und anwenden. Dazu sollen sie geeignete Hilfsmittel (Einheitswürfel) einsetzen.

Feinlernziele:

Die Schülerinnen und Schüler sollen ...

- ... das Volumen des Quaders ermitteln, indem sie den Quader mit Einheitswürfel auffüllen und die Anzahl der Würfel zählen.
- ... die Formel zur Volumenberechnung herleiten, indem sie die Aktivität (Auffüllen mit Einheitswürfeln) in eine Rechnung übertragen.

☆ *Zusatzaufgabe:*

Die Schülerinnen und Schüler sollen ...

- ... die Formel zur Volumenberechnung anwenden.

△ *Didaktische Reserve:*

Die Schülerinnen und Schüler sollen ...

- ... die Volumenberechnung an anderen Verpackungen (Quader) anwenden.

Unterrichtsverlaufsplan der 3. Stunde

Zeit	Phase	Geplanter Unterrichtsverlauf	Arbeits-, Sozial-, Aktionsform	Medien, Materialien	Didaktisch-/ Methodischer-Kommentar
5 Min.	**Einstieg** Motivation	• L. zeigt ein Preisausschreiben der Firma Goldi. • S. liest den Text vor. • L. zeigt Wattestäbchenbox.	Gruppentische	• Preisausschreiben (S. 32) • OHP • leere Wattestäbchenboxen	Motivation, Einstimmung auf die Thematik.
25 Min.	**Erarbeitung**	• SuS formulieren die Aufgabenstellung. „Wie kann man das Volumen eines Quaders berechnen?“ • SuS machen Lösungsvorschläge. • S. notiert diese an die Tafel. • L. leitet Gruppenarbeit ein und verteilt Gruppenaufträge. • SuS erarbeiten selbstständig einen Lösungsweg. Sie benutzen dazu Einheitswürfel. • Für eine Präsentation gestalten SuS ein Plakat mit ihrem Lösungsweg. • L. bereitet die Lösung vor (Lösung ist abhängig von der Größe der Wattestäbchenbox). • Zur Differenzierung liegen Tipps bereit. • Schnelle Gruppen können Zusatzaufgaben lösen (zur quantitativen Differenzierung). • SuS kontrollieren ihre Ergebnisse.	UG GA	• Tafel • ggf. Organisationskärtchen (S. 117) • Gruppenaufträge • Wattestäbchenboxen • Einheitswürfel (Kantenlänge 1 cm) • Plakate (blanko) • Lösungen	Problemorientierter Ansatz; die SuS leiten durch den handelnden Umgang mit dem Material die Formel zur Flächenberechnung selbstständig her. Organisationskärtchen (S. 117) ermöglichen einen reibungslosen Ablauf der GA.
15 Min.	**Sicherung** Präsentation Festigung	• Ausgeloste Gruppen präsentieren ihre Ergebnisse. • Die Formel V = Länge mal Breite mal Höhe wird an die Tafel geschrieben. • SuS vergleichen ihre Ergebnisse und diskutieren über die richtige Antwort auf das Preisausschreiben.	Schülervorträge UG	• Plakate • Wattestäbchenboxen • Einheitswürfel	Verinnerlichung des Lösungswegs
		Didaktische Reserve/Hausaufgabe: • SuS erhalten ein AB. • SuS kontrollieren selbstständig ihre Ergebnisse.	EA	• AB • Lösungen AB	

Preisausschreiben der Firma Goldi

Liebe Schülerinnen und Schüler,

die Firma Goldi feiert ihr 75jähriges Bestehen. Daher haben wir eine besondere Jubiläumsbox aus Plastik entwickelt, die wir mit extra großen Gummibären füllen wollen. Eure Aufgabe ist es herauszufinden, wie viele Gummibären darin Platz finden können – vielleicht 75 Stück?

Damit ihr eine Vorstellung von der Jubiläumsbox bekommt und euch Gedanken über deren Rauminhalt machen könnt, haben wir einige Exemplare mitgeschickt. Was für die Lösung der Aufgabe auch noch wichtig ist: Jedes Riesengummibärchen benötigt 6 cm^3 Platz.

PS: Bei Einsendung der richtigen Lösung erhält jeder Schüler eine Tüte **Goldi**-Gummibärchen als Dankeschön.

Mit freundlichen Grüßen

Euer **Goldi**-Team

Gruppenauftrag

„Eine Jubiläumsverpackung für Gummibärchen"

1. Problem: Wie groß ist das Volumen der Jubiläumsbox?

1 Schätzt zunächst das Volumen der Box! Jeder gibt einen Tipp ab!

____

2 Bestimmt nun das Volumen der Box mithilfe von Einheitswürfeln.

____

2. Problem: Wie kann man das Volumen der Jubiläumsbox rechnerisch ermitteln?

3 Sammelt Ideen, die zur Problemlösung beitragen. Entscheidet euch für eine Idee und schreibt in Worten auf, wie ihr vorgehen wollt.

____

____

____

____

____

____

Gruppenauftrag

4 Wenn ihr einen Lösungsweg gefunden habt, um die Aufgabe des Preisausschreibens zu lösen, notiert diesen und überprüft ihn anschließend auf seine Richtigkeit!
Unser Lösungsweg lautet:

____

____

____

____

5 Schreibt euren Lösungsweg auf ein Plakat!

3. Problem: Wie viele Gummibärchen passen in die Jubiläumsbox?

6 Ein Gummibärchen benötigt 6 cm³ Platz. Wie viele passen in die Jubiläumsbox?

Rechnung: ____

____

Antwort: ____

Zusatzaufgabe ☆

Eine weitere mögliche Geschenkverpackung für Gummibärchen hat folgende Maße: Länge: 6 cm, Breite: 8 cm, Höhe: 3 cm

Wie viele Gummibärchen finden in dieser Verpackung Platz?

Rechnung: ____

Hier findest du weitere Maße von möglichen Geschenkverpackungen:

Schachtel 1: Länge: 5 cm, Breite 4 cm, Höhe: 3 cm

Schachtel 2: Länge: 10 cm, Breite 5 cm, Höhe: 4 cm

Schachtel 3: Länge: 7 cm, Breite 6 cm, Höhe: 5 cm

Löse folgende Aufgaben:

a) Wie groß ist das Volumen jeder Schachtel?

b) Wie viele Gummibärchen passen in die einzelnen Schachteln, wenn jedes 4 cm^3 Platz benötigt?

c) Verbinde die Gummibären mit der passenden Schachtel.

d) Sind alle Verpackungsmaße sinnvoll?

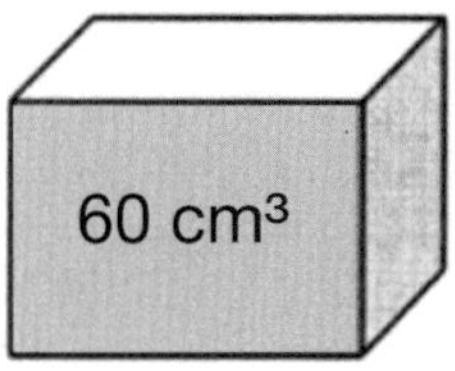

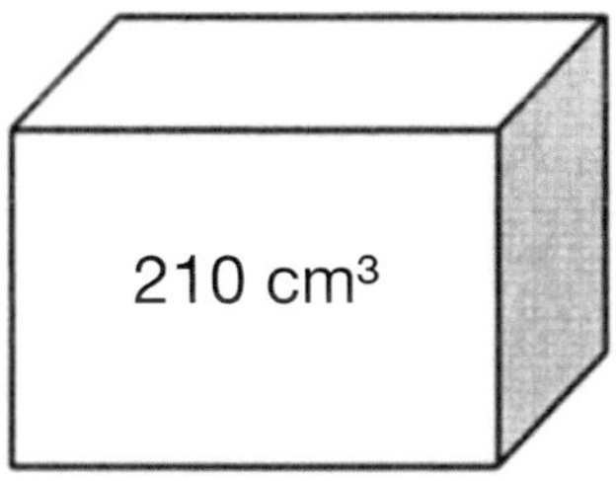

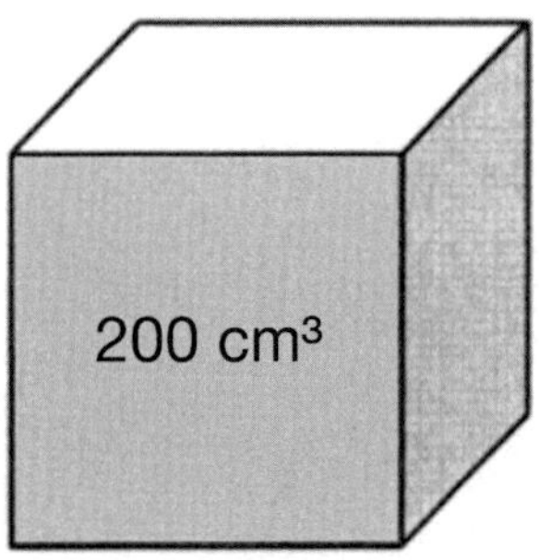

Gruppenauftrag

Lösung

Preisausschreiben:

4 ***Man bestimmt das Volumen der Box, indem man rechnet:***
V = Länge • Breite • Höhe

5 ***z. B. übliche Wattestäbchenboxgröße:***
$V = 9\ cm \cdot 9\ cm \cdot 6\ cm = 486\ cm^3$

6 ***z. B. übliche Wattestäbchenboxgröße: $486\ cm^3 : 6\ cm^3 = 81$***
In eine übliche Wattestäbchenbox (Jubiläumsbox) passen 81 Gummibärchen.

Zusatzaufgabe

$6\ cm \cdot 8\ cm \cdot 3\ cm = 144\ cm^3$ $144\ cm^3 : 6\ cm^3 = 24$
In dieser Geschenkschachtel haben 24 Gummibärchen Platz.

✂

Arbeitsblatt Lösung

Schachtel 1:
a) ***$V = 5\ cm \cdot 4\ cm \cdot 3\ cm = 60\ cm^3$***
b) ***$60\ cm^3 : 4\ cm^3 = 15$***
In diese Schachtel passen genau 15 Gummibärchen.
d) ***Die Schachtel ist ganz ausgefüllt.***

Schachtel 2:
a) ***$V = 10\ cm \cdot 5\ cm \cdot 4\ cm = 200\ cm^3$***
b) ***$200\ cm^3 : 4\ cm^3 = 50$***
In diese Schachtel passen genau 50 Gummibärchen.
d) ***Die Schachtel ist ganz ausgefüllt.***

Schachtel 3:
a) ***$V = 7\ cm \cdot 6\ cm \cdot 5\ cm = 210\ cm^3$***
b) ***$210\ cm^3 : 4\ cm^3 = 52{,}5$***
In diese Schachtel passen 52 Gummibärchen.
Es bleibt noch etwas Platz.
d) ***Diese Verpackung ist ungünstig, da die Firma nicht den ganzen Platz ausfüllen kann, der zur Verfügung steht. Das wäre unrentabel.***

Darstellung der 4. Unterrichtsstunde

Thema der Unterrichtsstunde:

Jeder Schüler braucht seinen Platz – Volumenberechnung des Klassenzimmers

Ziele der Unterrichtsstunde:

Groblernziel:

Die Schülerinnen und Schüler sollen in einem Sachzusammenhang das Volumen eines Quaders (Klassenzimmer) durch Anwendung der Formel „Länge mal Breite mal Höhe" berechnen.

Feinlernziele:

Die Schülerinnen und Schüler sollen ...

- ... Länge, Breite und Höhe ihres Klassenraumes mit Zollstock oder Maßband messen und ihre Messwerte auf volle Meter runden.
- ...das Volumen ihres Klassenraumes berechnen, indem sie die Formel zur Volumenberechnung (Länge mal Breite mal Höhe) anwenden.
- ... je nach Problemformulierung durch schriftliche Division berechnen, ob das Volumen ihres Klassenraumes für alle Schüler ausreicht bzw. wie viel Volumen einem Schüler im Klassenraum zur Verfügung steht.
- ... den gefundenen Lösungsweg auf die Volumenberechnung anderer Klassenräume anwenden und ermitteln, wie viele Schüler maximal in die jeweiligen Klassenräume passen.

△ *Didaktische Reserve:*

Die Schülerinnen und Schüler sollen ...

- ... die Längenmaße eines Körpers mit 6 m^3 Volumen rechnerisch ermitteln und mithilfe von Markierungen im Klassenraum den Rauminhalt veranschaulichen.

Unterrichtsverlaufsplan der 4. Stunde

Zeit	Phase	Geplanter Unterrichtsverlauf	Arbeits-, Sozial-, Aktionsform	Medien, Materialien	Didaktisch-/ Methodischer-Kommentar
5 Min.	**Einstieg** Motivation	• L. legt Folie 1 auf – zu sehen ist eine Illustration. • SuS äußern sich zur Illustration. • L. legt Folie 2 auf – zu sehen ist der Hinweis, dass ein Schüler 6 m³ Raum benötigt. • SuS formulieren die Aufgabenstellung. Z. B.: „Ist unser Klassenraum groß genug?" • L. notiert Aufgabenstellung an die Tafel.	Gruppentische UG	• Folie 1: Illustration • Folie 2: Hinweis • OHP • Tafel	Die Illustration dient dem stummen Impuls.
25 Min.	**Erarbeitung**	• SuS machen Vorschläge für die Problemlösung. Z. B.: „Wir müssen das Volumen unseres Raumes berechnen." „Wir müssen den Klassenraum ausmessen und benötigen seine Länge, Breite und Höhe!" • SuS schätzen die Raummaße. • L. notiert Angaben an die Tafel. • L. leitet Gruppenarbeit ein und verteilt Gruppenaufträge. • SuS erarbeiten selbstständig einen Lösungsweg. • Für eine Präsentation gestalten SuS ein Plakat mit ihrem Lösungsweg. • Zur Differenzierung liegen Tipps bereit. • Schnelle Gruppen können Zusatzaufgabe lösen (zur quantitativen Differenzierung). • SuS kontrollieren ihre Ergebnisse.	UG GA	• Tafel • Gruppenaufträge • ggf. Organisationskärtchen (S. 117) • Maßband/ Zollstock • Plakate (blanko) • Tipps • Lösungen	Event. Impuls: L. weist auf Arbeitsmittel. Organisationskärtchen (S. 117) ermöglichen einen reibungslosen Ablauf der GA.
15 Min.	**Sicherung** Präsentation Festigung	• Ausgeloste Gruppen präsentieren ihre Ergebnisse. • SuS vergleichen ihre Ergebnisse und nehmen Stellung zum Ausgangsproblem. • SuS erhalten ein AB. (AB auch als Hausaufgabe einsetzbar.) • SuS kontrollieren selbstständig ihre Ergebnisse.	Schülervorträge UG EA	• Plakate • AB • Lösungen AB	Festigung des Lösungswegs
		Didaktische Reserve: • SuS ermitteln rechnerisch die Maße eines Körpers mit dem Rauminhalt 6 m³ und veranschaulichen ihn im Klassenraum mithilfe eines Klebebands oder Paketbands.	Schüleraktivität	• Klebeband bzw. Paketband	Schulung des räumlichen Vorstellungsvermögens.

Einstiegsfolie 1

Einstiegsfolie 2

Ein Schüler benötigt 6 m³ Raum!

Gruppenauftrag

„Das Volumen eines Klassenzimmers“

Ein Schüler benötigt 6 m³ Raum!

1 Messt das Klassenzimmer aus und notiert eure Messwerte:

____

Rundet die Messwerte auf volle Meter.

____

2 Erstellt einen Lösungsplan.
Schreibt in Worten auf, wie ihr vorgehen wollt.

____

____

____

____

____

Gruppenauftrag

3 Führt den Plan aus.
Notiert eure Rechenschritte.

4 Überprüft eure Lösung.

5 Schreibt euren Lösungsweg auf ein Plakat.

Wenn ihr Probleme habt, holt euch einen TIPP!

Zusatzaufgabe

(Erst bearbeiten, wenn das Plakat fertig ist!)

Angenommen, in eurem Klassenzimmer würde ein neuer Schrank mit folgenden Maßen aufgestellt werden:

Länge: 2 m, Breite: 0,60 m, Höhe: 1,80 m.

Überprüft, ob das Volumen des Klassenzimmers für eure Schülerzahl noch ausreicht.

Volumenberechnung des Klassenzimmers

TIPP

1
- Wandelt eure Messergebnisse in **Meter** um.
  Tipp: 1 m = 100 cm!
- Rundet die Messergebnisse auf volle Meter!
  Folgt nach dem Komma eine Ziffer zwischen 1 bis 4 müsst ihr abrunden, bei den Ziffern 5 bis 9 wird aufgerundet!
  Beispiel: 5,23 m wird auf 5 m abgerundet!
  3,61 m wird auf 4 m aufgerundet!

2 + 3
- Die Formel zur Volumenberechnung lautet:

  „Länge mal Breite mal Höhe!"

- Um die maximale Schülerzahl bzw. das Volumen pro Schüler zu ermitteln, müsst ihr eine Division ausführen.

✂

Tipps zur Plakatgestaltung

- Groß und deutlich schreiben!
- Überschrift nicht vergessen!
- Raummaße angeben!
- Rechenweg notieren!
- Ergebnis aufschreiben!

Volumenberechnung verschiedener Klassenräume

Arbeitsblatt

1 Eine Schule soll um vier neue Klassenräume erweitert werden. Die geplanten Klassenräume sind 3 m hoch. Länge und Breite der Räume musst du anhand der Grundrisse ausmessen.

Beachte: Der Maßstab ist 1 : 100, das heißt: 1m ≙ 1cm!

a) Berechne das Volumen der Klassenräume. Rechne mit den gemessenen Daten. (TIPP: 6,5 m = 65 dm).

b) Ein Schüler benötigt 6 m^3 Raum. Gib an, für wie viele Schüler die Größe des Klassenraums ausreicht.

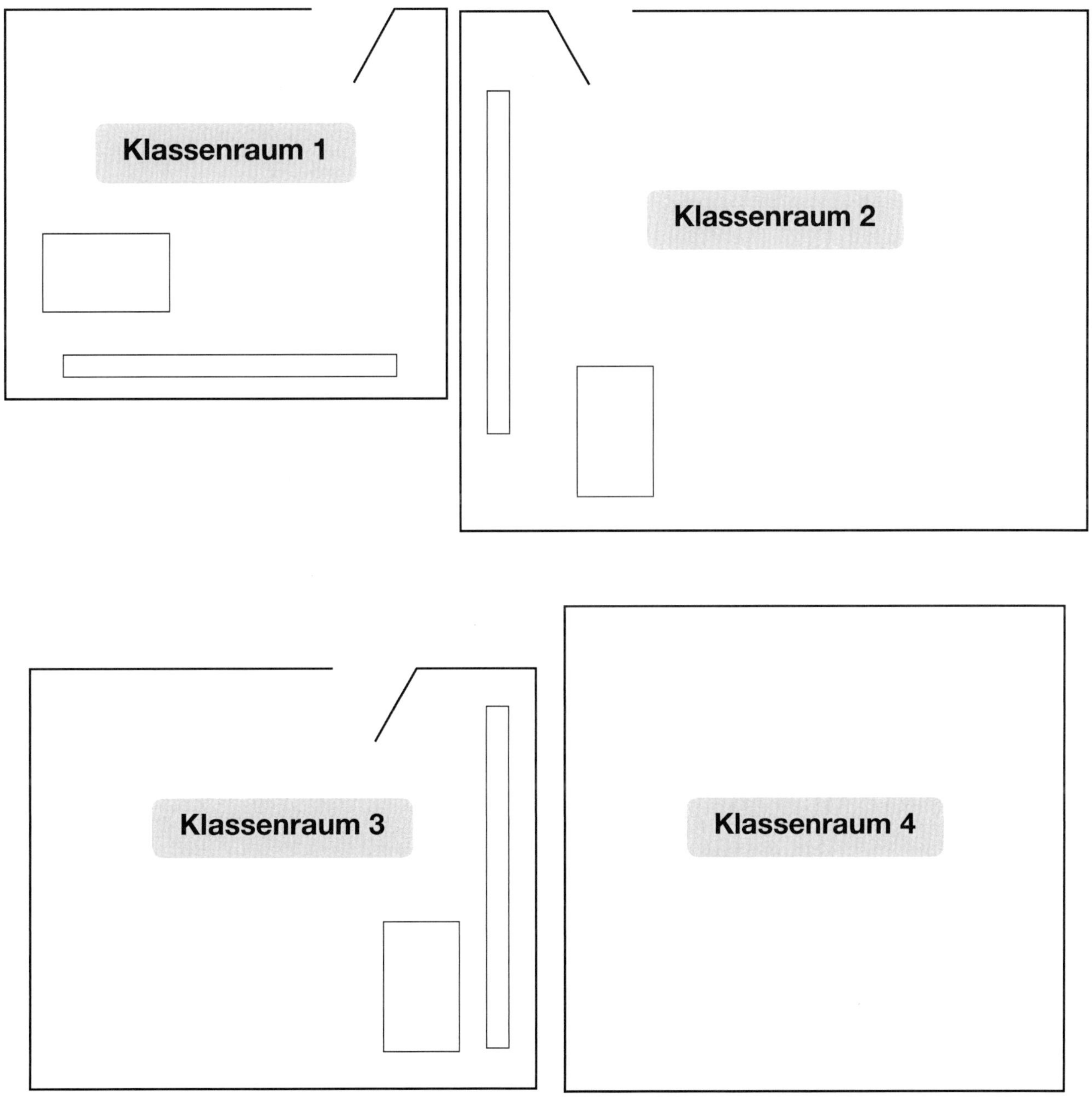

Gruppenauftrag

Lösung

1 Die gerundeten Maße des Klassenraumes lauten:

Länge = _______ m, Breite = _______ m, Höhe = _______ m

3 Die Rechnung lautet:

„Länge mal Breite mal Höhe“:

V = _______ m · _______ m · _______ m = _______ m³

Um die maximale Schülerzahl für den Klassenraum zu ermitteln rechnet man:

_______ m³ : 6 m³ = _______ Schüler

Um das Volumen pro Schüler in diesem Klasseraum zu ermitteln rechnet man:

_______ m³ : _______ Schüler = _______ m³

4 ***Ergebnis: Das Volumen des Klassenraums ist _______ .***

Jeder Schüler hat _______ Raum!

✂

Zusatzaufgabe

Lösung

200 cm · 60 cm · 180 cm = 2 160 000 cm³ = 2,16 m³

Volumen $_{\textit{Klassenraum}}$ ***– Volumen*** $_{\textit{Schrank}}$ ***= Volumen***

Volumen : Anzahl der Schüler = Volumen $_{\textit{pro Schüler}}$

Volumenberechnung verschiedener Klassenräume

Arbeitsblatt Lösung

Klassenraum 1:

Länge: 7 m
Breite: 6 m
Höhe: 3 m

$7\,m \cdot 6\,m \cdot 3\,m = 126\,m^3$

126 : 6 = 21

Der Raum reicht für maximal 21 Schüler!

Klassenraum 2:

Länge: 10 m
Breite: 8 m
Höhe: 3 m

$10\,m \cdot 8\,m \cdot 3\,m = 240\,m^3$

240 : 6 = 40

Der Raum reicht für maximal 40 Schüler!

Klassenraum 3:

Länge: 8 m = 80 dm
Breite: 6,5 m = 65 dm
Höhe: 3 m = 30 dm

$80\,dm \cdot 65\,dm \cdot 30\,dm = 156\,000\,dm^3$
$156\,000\,dm^3 = 156\,m^3$

156 : 6 = 26

Der Raum reicht für maximal 26 Schüler!

Klassenraum 4:

Länge: 8 m = 80 dm
Breite: 7,5 m = 75 dm
Höhe: 3 m = 30 dm

$80\,dm \cdot 75\,dm \cdot 30\,dm = 180\,000\,dm^3$
$180\,000\,dm^3 = 180\,m^3$

180 : 6 = 30

Der Raum reicht für maximal 30 Schüler!

Darstellung der 5. Unterrichtsstunde

Thema der Unterrichtsstunde:

Fair oder unfair? – Zufallsexperimente und Wahrscheinlichkeitsrechnung

Ziele der Unterrichtsstunde:

Groblernziel:

Die Schülerinnen und Schüler sollen erkennen und erklären können, dass die Wahrscheinlichkeit für das Auftreten einer bestimmten Augensumme beim Würfeln mit zwei Würfeln von der Anzahl der Kombinationsmöglichkeiten abhängt und dies in einem Zufallsexperiment überprüfen.

Feinlernziele:

Die Schülerinnen und Schüler sollen ...

- ... diskutieren, ob die Wahrscheinlichkeit für das Auftreten jeder Augensumme beim Wurf mit zwei Würfeln gleich hoch ist.
- ... die Anzahl aller möglichen Ausgänge des Zufallsexperiments mit zwei Würfeln bestimmen, indem sie alle Kombinationsmöglichkeiten mit Würfeln legen und mittels Tabellen oder Zeichnungen darstellen.
- ... die Wahrscheinlichkeiten für das Auftreten der Augensummen 2 bis 12 in der Bruchschreibweise angeben, indem sie die günstigen Ergebnisse durch die Anzahl aller möglichen Ergebnisse teilen (Laplace-Regel).
- ... anhand des Tafelbildes eine Aussage über die Gewinnchance eines Spiels treffen können, indem sie die Wahrscheinlichkeiten für das Auftreten der Augensummen miteinander vergleichen.
- ... die ermittelten Wahrscheinlichkeiten in einem Zufallsversuch überprüfen, indem sie das Auftreten der Augensummen in eine Häufigkeitstabelle eintragen und ihre Ergebnisse mit dem Tafelbild vergleichen.

☆ *Zusatzaufgabe:*

Die Schülerinnen und Schüler sollen ...

- ... weitere Ereignisse zum Zufallsversuch „Würfeln mit zwei Würfeln“ überdenken, durchführen und die Wahrscheinlichkeiten für das Auftreten dieser Ereignisse bestimmen.

△ *Didaktische Reserve:*

Die Schülerinnen und Schüler sollen ...

- ... ihre erworbenen Kenntnisse anwenden, indem sie sich zu dem Würfelspiel eine geeignete Gewinnstrategie überlegen und ausführen.

Unterrichtsverlaufsplan der 5. Stunde

Zeit	Phase	Geplanter Unterrichtsverlauf	Arbeits-, Sozial-, Aktionsform	Medien, Materialien	Didaktisch-/ Methodischer-Kommentar
5 Min.	**Einstieg** Motivation	• L. legt Folie auf und erzählt anhand der Bilder eine Geschichte (Text siehe S. 48). • Die Geschichte veranlasst SuS eine Aufgabenstellung zu formulieren. Z.B.: „Sind die Gewinnchancen für Ersin und Tom gleich?" • L. notiert die Fragestellung an die Tafel.	Lehrererzählung UG	• Folie • OHP • Text zur Fotogeschichte (S. 48) • Tafel	Die Geschichte motiviert die Schüler und führt zum Stundenthema.
15 Min.	**Erarbeitung 1**	• SuS überlegen, ob die Gewinnchancen bei dem Spiel gleich sind und begründen ihre Aussagen. • SuS machen Vorschläge für die Problemlösung. Z.B. „Wir müssen herausfinden, welche verschiedenen Augensummen es gibt." „Wir müssen prüfen, welche verschiedenen Möglichkeiten es gibt, die Augensummen zu würfeln." • L. leitet die arbeitsteilige Partnerarbeit ein und verteilt die Arbeitsaufträge 1. (Bitte die Hinweise zur Durchführung von PA 1 beachten S. 51). • Schülerteams holen sich Arbeitsmaterialien und erarbeiten selbstständig einen Lösungsweg. • Die Würfelkombinationen werden anschließend auf zweifarbige Kärtchen gemalt. • Zur Unterstützung liegen Tipps bereit. • Schnelle Teams können die Zusatzaufgabe lösen (zur quantitativen Differenzierung).	UG PA	• Partneraufträge 1 (Hier vorher die versch. Augensummen in jew. PA eintragen) • 2 Würfel pro Gruppe • Pappkärtchen zum Aufzeichnen der Würfelkombinationen • Filzstifte • Tipps • Lösungen siehe Tafelbild S. 57	Die Partner ermitteln mit 2 Würfeln unterschiedliche Kombinationen der Augensumme, damit am Ende der Stunde alle möglichen Ausgänge des Zufallsexperiments präsentiert werden können. Handelnder Umgang mit dem Zufallsgerät Würfel.
5 Min.	**Sicherung** Präsentation	• SuS heften die Kärtchen mit den unterschiedlichen Wurfkombinationen zu den Augensummen an die Tafel (siehe Tafelbild S. 57).	UG	• Kärtchen • Tafel • Tafelbild (S. 57)	Die Anordnung an der Tafel gibt einen Überblick über alle möglichen Ausgänge
10 Min.	**Erarbeitung 2**	• L. verteilt die Arbeitsaufträge 2. • SuS ermitteln die Wahrscheinlichkeit für das Auftreten der Augensummen. • L. weist auf die Tippkarten hin.	PA	• Partneraufträge 2 • Tafel • Tafelbild (S. 57) • Würfel • Tipps	Mithilfe des Tafelbildes kann die Wahrscheinlichkeit der jeweiligen Augensumme ermittelt werden.
10 Min.	**Ergebnisvergleich**	• SuS lesen ihre Ergebnisse vor und korrigieren gegebenenfalls. • Ein S notiert die Ergebnisse und den Antwortsatz zu der Ausgangsfrage an die Tafel.	UG	• Partneraufträge 2 • Tafel • Lösungen	Beim Ergebnisvergleich bekommt L. eine Rückmeldung über den Leistungsstand der SuS.
		Didaktische Reserve: • SuS erhalten zu zweit ein Würfelspiel. Sie wenden hierbei ihre Kenntnisse über die Wahrscheinlichkeit für das Auftreten von Augensummen an und versuchen eine möglichst günstige Spielstrategie auszuwählen.	PA	• Würfelspiel (S. 55) • Spielsteine • 2 Würfel pro Gruppe	Anwendung
		Hausaufgabe: • AB ist als didaktische Reserve oder als Hausaufgabe geeignet.	EA	• AB • Lösungen AB	Zusammenfassung, Wiederholung

Text zur Fotogeschichte

Präsentation Bild 1:

Ich möchte euch jemanden vorstellen:
Das sind Barbara, Tom und Ersin.

Präsentation Bild 2:

Barbara sammelt Fußball-Sticker und möchte einen Sticker tauschen.
Ersin und Tom sammeln auch Sticker und wollen beide Barbaras Sticker haben.
Deshalb macht Ersin Tom einen Vorschlag:

Präsentation Bild 3:

„Wir würfeln um den Sticker. Das ist fair, denn wir haben die gleiche Gewinnchance.
Jeder nennt eine Augensumme und die, die am häufigsten gewürfelt wird, ist die Siegerzahl. Ich nehme die Augensumme …

Präsentation Bild 4:

… 7."

Präsentation Bild 5:

Tom denkt nach:
„Gleiche Gewinnchance ...? Ist das wirklich so?

Folie

Bild 1:

Bild 2:

Bild 3:

Bild 4:

Bild 5:

Partnerauftrag 1: Wahrscheinlichkeit

1 Würfelt mit zwei Würfeln 30 mal. Notiert in die Tabelle,

wie oft ihr die **Augensumme** ______ und die

Augensumme ______ würfelt.

Augensumme:		
Anzahl der Würfe:		

2 Übertragt **alle** Würfelkombinationen für die **Augensummen**

______ und ______ auf die Kärtchen.

Beispiel: 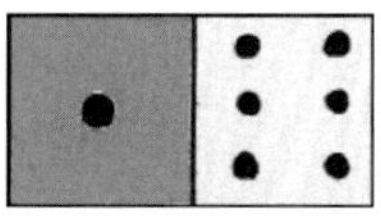

Wenn ihr Probleme habt, holt euch einen TIPP!

Zusatzaufgabe

Würfelt beide Würfel 30 mal und notiert in Form einer Strichliste, wie oft ihr einen Pasch würfelt.

Erklärung: Pasch bedeutet, beide Würfel haben die gleiche Augenzahl z. B.

Partnerauftrag 1: Hinweise zur Durchführung

Die Arbeitsaufträge für alle Schülerteams sind bis auf die jeweiligen „Augensummen" identisch.

Im Folgenden sind die Teams mit den Augensummen aufgeführt:

Team 1: **2**/7 – Team 10: **8**/3

Team 2: **3**/8 – Team 9: **9**/4

Team 3: **4**/9 – Team 8: **10**/5

Team 4: **5**/10 – Team 7: **11**/6

Team 5: **6**/11 – Team 6: **7**/12

Beispiel für Partnerauftrag 1 „Wahrscheinlichkeit":

1 Würfelt mit zwei Würfeln 30 mal. Notiert in die Tabelle, wie oft ihr die **Augensumme 7** und die **Augensumme 12** würfelt.

Augensumme:	7	12
Anzahl der Würfe:		

2 Übertragt **alle** Würfelkombinationen für die **Augensummen 7** und **12** auf die Kärtchen.

Beispiel: 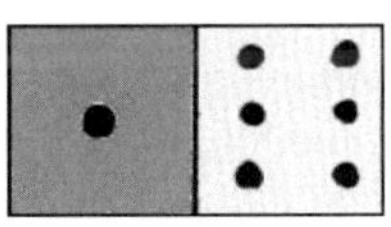

Partnerauftrag 2: Wahrscheinlichkeit

1 a) Notiert in der Tabelle die Anzahl möglicher Kombinationen der Augensummen.

b) Tragt die Wahrscheinlichkeit für das Auftreten der Augensummen ein.

Augensumme:	2	3	4	5	6	7	8	9	10	11	12
Anzahl möglicher Kombinationen:	1	...									
Wahrscheinlichkeit (als Bruch):											

2 „Haben Ersin und Tom wirklich die gleiche Gewinnchance, wenn Ersin auf die Augensumme 7 setzt?

Notiert einen Antwortsatz auf Toms Frage:

____

____

3 Wie hoch ist die Wahrscheinlichkeit mit zwei Würfeln …

a) … einen Pasch zu würfeln? __________

b) … die Augensumme zu würfeln, die kleiner ist als 5? __________

c) … eine ungerade Augensumme zu würfeln? __________

d) … eine Augensumme zu würfeln, die durch 3 teilbar ist? __________

e) … eine Augensumme zu würfeln, die größer ist als 9? __________

Wenn ihr Probleme habt, holt euch einen TIPP!

Zusatzaufgabe

Bei einem Spiel wird zuerst ein Würfel, dann eine Münze geworfen.

a) Notiert alle möglichen Kombinationen in euer Heft.

b) Notiert die Wahrscheinlichkeit für den Wurf
Würfel: 6 / Münze: Wappen.

Wahrscheinlichkeit — TIPP

Tipp 1: Da es zwei unterschiedliche Würfel sind, solltest du bei den Wurfkombinationen folgendes beachten:

Würfel 1 **Würfel 2**

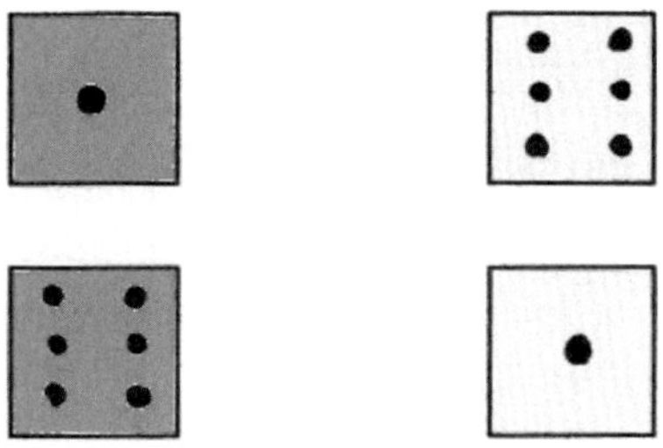

Tipp 2: Wichtig bei der Wahrscheinlichkeit als Bruch:

Zähler: Zähle die Kombinationsmöglichkeiten für die **jeweilige Augensumme**.

Nenner: Zähle **alle** Kombinationsmöglichkeiten, die es mit beiden Würfeln gibt.

✂

Partnerauftrag 1 — Lösung

siehe Tafelbild S. 57

✂

Partnerauftrag 2 — Lösung

1 siehe Tafelbild S. 57

2 ***Die beiden Freunde haben nicht die gleiche Gewinnchance, weil es für die Augensumme 7 die meisten Wurfkombinationen gibt.***
Die Wahrscheinlichkeit eine 7 zu würfeln ist $\frac{6}{36} = \frac{1}{6}$.

3 a) $\frac{6}{36} = \frac{1}{6}$ b) $\frac{6}{36} = \frac{1}{6}$ c) $\frac{18}{36} = \frac{1}{2}$ d) $\frac{12}{36} = \frac{1}{3}$ e) $\frac{6}{36} = \frac{1}{6}$

Zusatzaufgabe

Lösung

a) Es gibt folgende Kombinationsmöglichkeiten:
(W bedeutet Wappen, Z bedeutet Zahl)

1, W	***1, Z***
2, W	***2, Z***
3, W	***3, Z***
4, W	***4, Z***
5, W	***5, Z***
6, W	***6, Z***

Es gibt insgesamt 12 Kombinationsmöglichkeiten.

b) $\frac{\text{Anzahl der Kombinationsmöglichkeiten für das Ereignis}}{\text{Anzahl der Kombinationsmöglichkeiten}} = \frac{\mathbf{1}}{\mathbf{12}}$

Würfelspiel mit zwei Würfeln

Spiel-anleitung

Zwei Spieler setzen ihren Spielstein auf Start.
Wer eine 1 würfelt beginnt das Spiel. Der erste Spieler setzt seine Figur auf eines der beiden nächsten Felder (3 oder 10). Dann setzt der zweite Spieler seine Figur auf das andere noch mögliche Feld. Es wird nun abwechselnd mit zwei Würfeln gewürfelt. Sobald ein Spieler mit der Wurfzahl seine Feldzahl trifft, darf er seine Figur auf eines der nächsten Felder setzen. Gewonnen hat, wer zuerst das Ziel erreicht.

„Von Tor zu Tor“

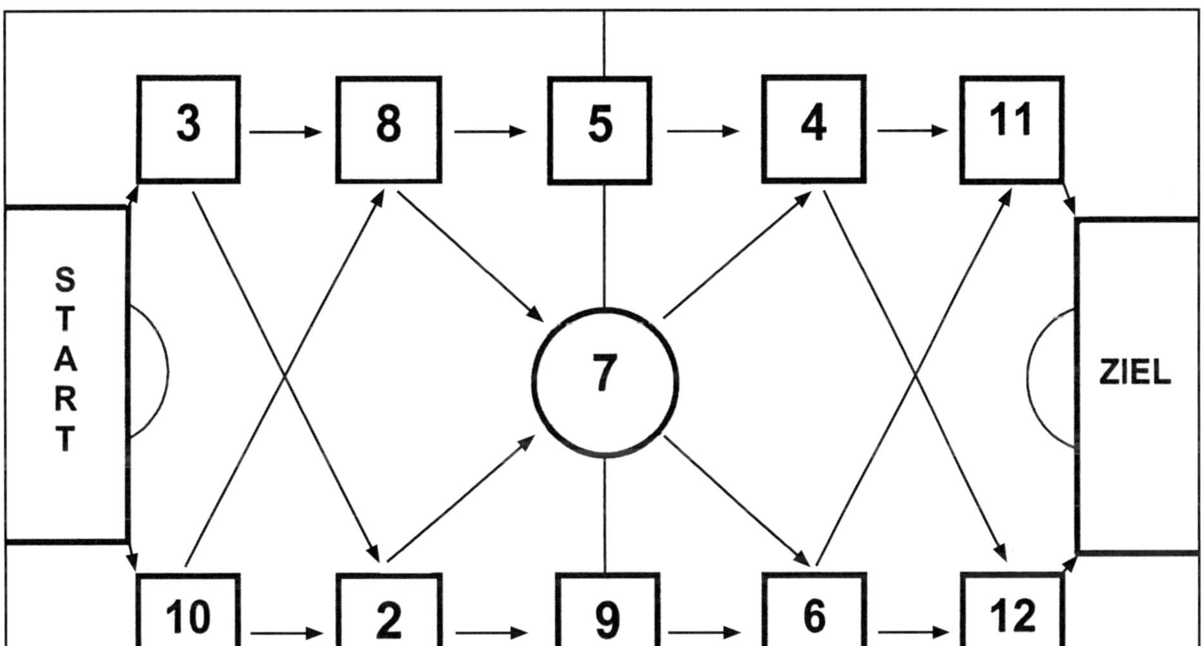

„Würfeln mit zwei Würfeln“

Arbeitsblatt

1 Vervollständige die Tabelle. Male in die Kästchen die Augensummen und notiere die Wahrscheinlichkeit.

Augensumme:	2	3	4	5	6	7	8	9	10	11	12
mögliche Kombinationen:											
Wahrscheinlichkeit:											

2 Wie hoch ist die Wahrscheinlichkeit für das Auftreten einer Zahl, größer als 9?

3 Wie hoch ist die Wahrscheinlichkeit einen „Pasch“ 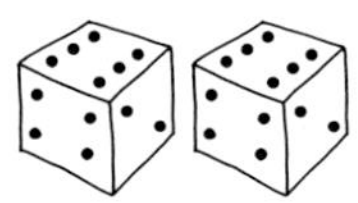 zu würfeln?

Böhme/Grävenstein/Seib: Handlungsorientierter Mathematikunterricht · Best.-Nr. 374

1 Vervollständige die Tabelle. Male in die Kästchen die Augensummen und notiere die Wahrscheinlichkeit.

Augensumme:	**2**	**3**	**4**	**5**	**6**	**7**	**8**	**9**	**10**	**11**	**12**
mögliche Kombinationen:	⚀⚀	⚀⚁	⚀⚂	⚀⚃	⚀⚄	⚀⚅	⚁⚅	⚂⚅	⚃⚅	⚄⚅	⚅⚅
		⚁⚀	⚂⚀	⚂⚁	⚁⚃	⚁⚄	⚂⚄	⚃⚄	⚄⚄	⚅⚄	
			⚁⚁	⚁⚂	⚂⚂	⚂⚃	⚃⚃	⚄⚃	⚅⚃		
				⚃⚀	⚃⚁	⚃⚂	⚄⚂	⚅⚂			
					⚄⚀	⚄⚁	⚅⚁				
						⚅⚀					
Wahrscheinlichkeit:	$\frac{1}{36}$	$\frac{2}{36}$	$\frac{3}{36}$	$\frac{4}{36}$	$\frac{5}{36}$	$\frac{6}{36}$	$\frac{5}{36}$	$\frac{4}{36}$	$\frac{3}{36}$	$\frac{2}{36}$	$\frac{1}{36}$

2 Die Wahrscheinlichkeit für das Auftreten einer Zahl, größer als 9 beträgt: $\boldsymbol{\frac{6}{36}} = \boldsymbol{\frac{1}{6}}$.

3 Die Wahrscheinlichkeit einen „Pasch“ zu würfeln beträgt: $\boldsymbol{\frac{6}{36}} = \boldsymbol{\frac{1}{6}}$.

Darstellung der 6. Unterrichtsstunde

Thema der Unterrichtsstunde:

Formen und Eigenschaften von Dreiecken

Ziele der Unterrichtsstunde:

Groblernziel:

Die Schülerinnen und Schüler sollen die geometrischen Eigenschaften der Dreiecke (Winkelgröße, Seitenlängen) mithilfe des Geodreiecks erkennen und beschreiben. Sie sollen aufgrund dieser Erkenntnisse die Dreiecke den Dreiecksformen (spitzwinkliges, rechtwinkliges, stumpfwinkliges, gleichschenkliges und gleichseitiges Dreieck) zuordnen.

Feinlernziele:

Die Schülerinnen und Schüler sollen ...

- ... die Winkelgrößen verschiedener Dreiecke schätzen.
- ... die Eigenschaften der Dreiecksformen (spitzwinkliges, rechtwinkliges, stumpfwinkliges, gleichschenkliges, gleichseitiges Dreieck) handelnd erarbeiten, indem sie
  a) die Winkelgrößen der Dreiecke mit dem Geodreieck messen und auf Gemeinsamkeiten (spitze, rechte, stumpfe Winkel) untersuchen,
  b) die Seitenlängen der Dreiecke durch Messen mit dem Lineal ermitteln und feststellen, ob die Seitenlängen der einzelnen Dreiecke unterschiedlich lang oder gleich lang sind.
- ... die mathematischen Bezeichnungen (spitzwinkliges, rechtwinkliges, stumpfwinkliges, gleichschenkliges, gleichseitiges Dreieck) den entsprechenden Dreiecken zuordnen, indem sie die Dreiecksnamen der Folie 2 entnehmen und mit den jeweiligen Dreieckseigenschaften in Verbindung bringen.
- ... die Eigenschaften einer bestimmten Dreiecksform auf einem Plakat präsentieren.
- ... alle Dreiecke des jeweiligen Partnerauftrages ausschneiden und in einer Tabelle nach Winkelgröße und Seitenlänge ordnen.

☆ *Zusatzaufgabe:*

Die Schülerinnen und Schüler sollen ...

- ... die verschiedenen Dreiecksformen in ein Geobrett einspannen.

△ *Didaktische Reserve:*

Die Schülerinnen und Schüler sollen ...

- ... im Klassenraum Dreiecke erkennen und benennen.

Unterrichtsverlaufsplan der 6. Stunde

Zeit	Phase	Geplanter Unterrichtsverlauf	Arbeits-, Sozial-, Aktionsform	Medien, Materialien	Didaktisch-/ Methodischer-Kommentar
5 Min.	**Einstieg**	• L. präsentiert Folie 1 „Dreiecke“. • SuS äußern sich spontan dazu. • L. berichtet, der Maler habe ihm Folgendes erzählt: „Beim Zeichnen der Dreiecke fiel mir auf, dass sie sich nach bestimmten Merkmalen in wenige Familien ordnen lassen. • SuS formulieren die Aufgabenstellung: z. B. „Wodurch unterscheiden sich die Dreiecke?“ • L. notiert die Fragestellung an die Tafel.	Gruppentische UG Lehrervortrag UG	• Folie 1 • Tafel	Die Folie motiviert die Schüler und führt zum Stundenthema hin. Der Bericht des Lehrers unterstützt die Schüler beim formulieren der Aufgabenstellung.
20 Min.	**Erarbeitung**	• SuS beschreiben anhand der Folie 1, worin sich die Dreiecke unterscheiden. • L. notiert die Vermutungen an die Tafel. • L. leitet die arbeitsteilige Partner-/ Gruppenarbeit ein. • Partneraufträge A – E werden jeweils doppelt vergeben. • SuS bearbeiten selbstständig in Partnerarbeit den Arbeitsauftrag. • Zur Differenzierung liegen Tipps bereit. • Zwei Teams mit dem gleichen Partnerauftrag bilden eine 4er-Gruppe. Diese diskutieren die Ergebnisse ihrer Partnerarbeit. • L. befestigt in der Zwischenzeit verschiedene Dreiecke an der Tafel (siehe S. 62) und legt Folie 2 auf. • SuS bearbeiten selbstständig in Gruppenarbeit den Gruppenauftrag. • SuS kontrollieren ihre Ergebnisse. • Schnelle Gruppen können die Zusatzaufgabe lösen (zur quantitativen Differenzierung). • L. hilft, beobachtet, berät.	UG PA/ GA	• Tafel • Partneraufträge (S. 63–67) • Gruppenauftrag (S. 68) • Geodreieck • Tipps • Dreiecke aus Karton (Vorlage S. 62) • Folie 2 • Plakate (blanko) • Kleber • Edding • Lösungen • Zusatzaufgabe • Geobrett	Zwei Partnergruppen, die später eine Gruppe bilden, erhalten jeweils den gleichen Partnerauftrag. So können die Ergebnisse der Partnerarbeit in der Gruppe verglichen und diskutiert werden. Die Dreiecke werden für die Gruppenarbeit benötigt.
10 Min.	**Präsentation/ Festigung**	• SuS präsentieren ihre Plakate und heften sie an die Tafel (siehe Tafelbild S. 70)	Schülerpräsentation	• Tafel • Plakate	Die Schüler üben sich im Präsentieren und stellen sich dabei gegenseitig die verschiedenen Dreiecke vor.
10 Min.	**Anwendung**	• S. schneiden die Dreiecke vom Partnerauftrag aus und ordnen sie in die Tabelle an der Tafel ein (siehe S. 70). • SuS erhalten zur Festigung der Lerninhalte Arbeitsblätter als Hausaufgabe (siehe S. 71–72)	Schüleraktivität EA	• AB (S. 71–72)	Bei dieser Aufgabe werden den Dreiecken zwei Eigenschaften zugeordnet. Die Schüler festigen auf diese Weise die mathematischen Begriffe.
		Didaktische Reserve: • Kopfgeometrie: SuS sollen im Klassenraum Dreiecke erkennen und benennen.	Schüleraktivität		

Folie 1

Dreiecke

Folie 2

- Ein Dreieck, dessen Winkel alle kleiner als 90° sind, heißt **spitzwinklig**.
- Ein Dreieck mit einem Winkel von 90° heißt **rechtwinklig**.
- Ein Dreieck mit einem Winkel größer als 90° heißt **stumpfwinklig**.

- Ein Dreieck, dessen Seiten alle unterschiedlich lang sind, heißt **ungleichseitig**.
- Ein Dreieck mit zwei gleich langen Seiten heißt **gleichschenklig**.
- Ein Dreieck, dessen Seiten alle gleich lang sind, heißt **gleichseitig**.

Dreiecke

Kopiervorlage

Die folgenden Dreiecke können vergrößert, ausgeschnitten und an die Tafel geheftet werden.

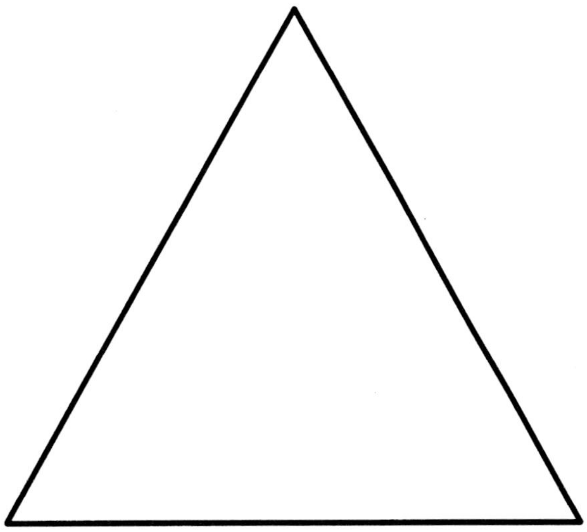

gleichseitiges Dreieck

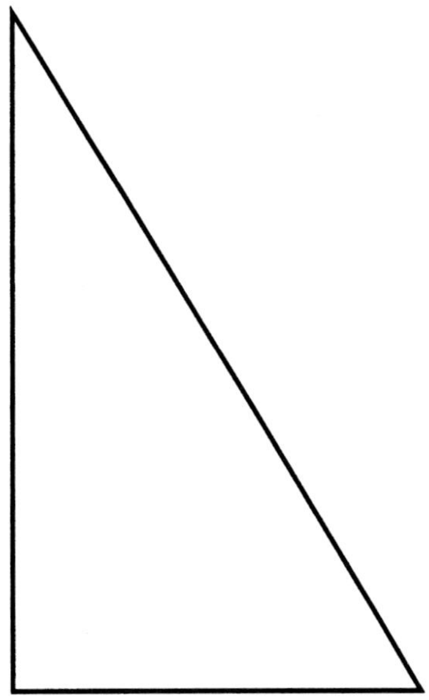

rechtwinkliges Dreieck

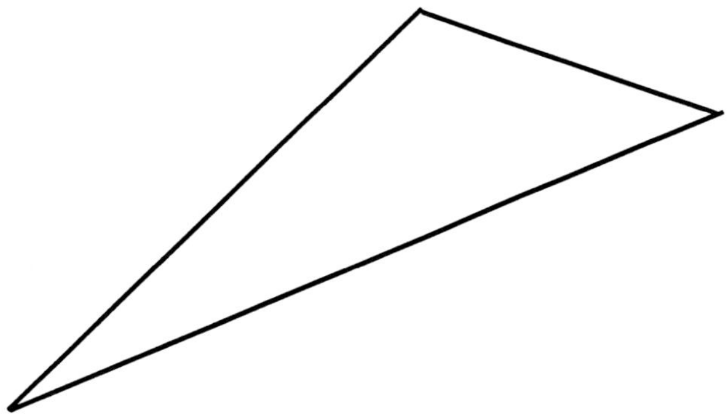

stumpfwinkliges Dreieck

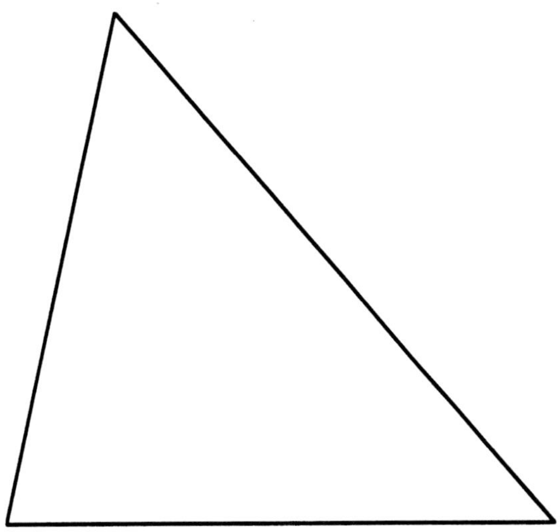

spitzwinkliges Dreieck

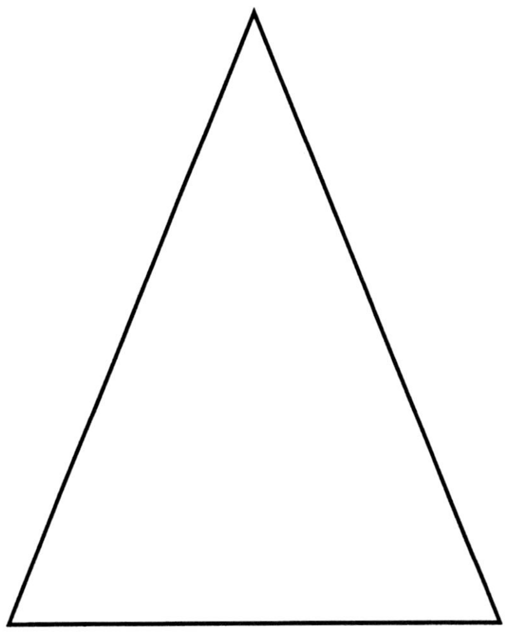

gleichschenkliges Dreieck

Partnerauftrag

Team A

1 Unten auf der Seite findet ihr drei Dreiecke.
Untersucht sie auf gemeinsame Eigenschaften.

2 Notiert eure Ergebnisse auf ein Extra-Blatt.

3 Tauscht die Ergebnisse mit dem anderen Team A aus.

4 Bearbeitet als Gruppe den Gruppenauftrag.

Wenn ihr keine Idee habt, wonach ihr die Dreiecke untersuchen könnt, holt euch einen TIPP!

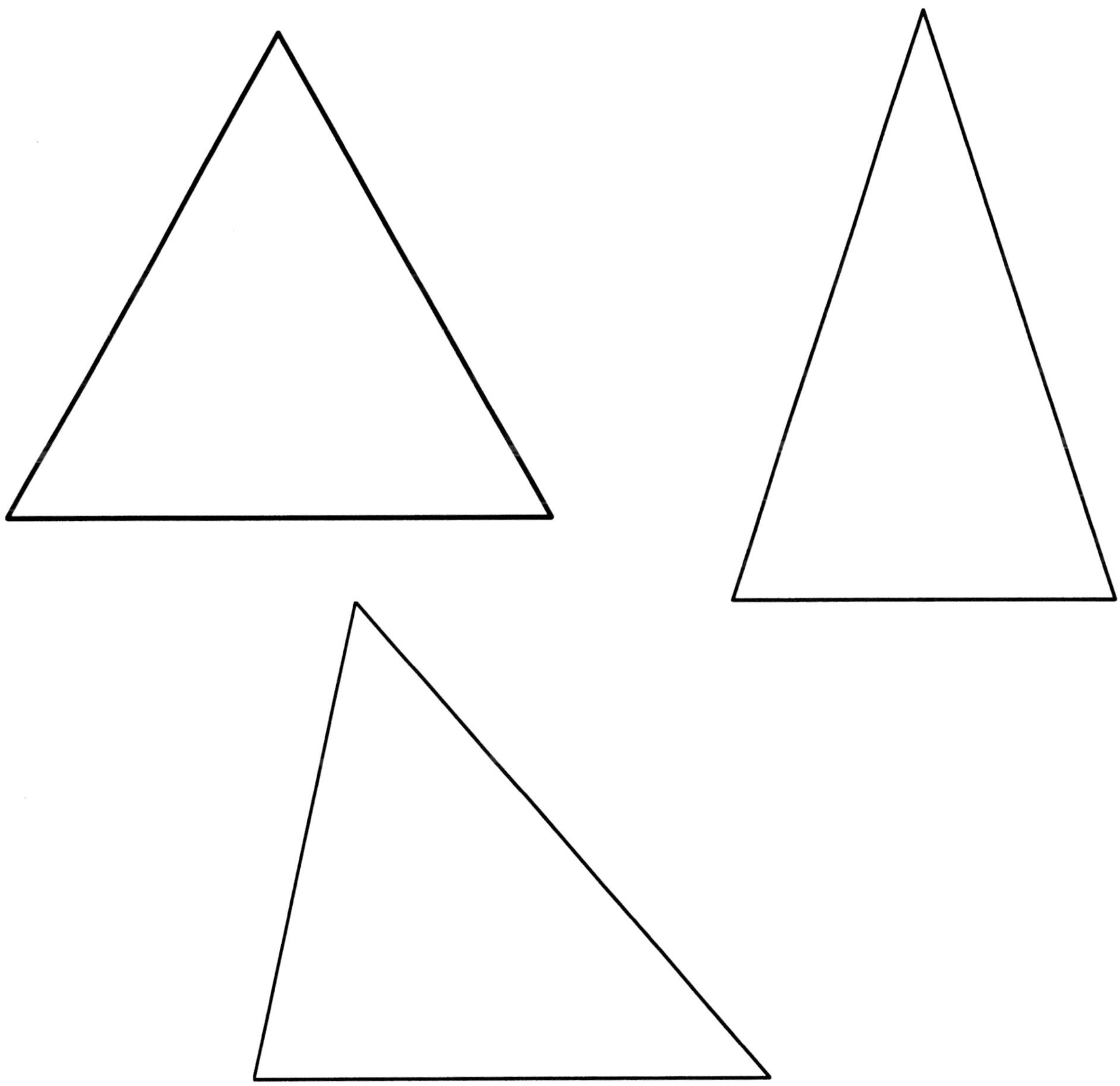

Partnerauftrag

Team B

1 Unten auf der Seite findet ihr drei Dreiecke.
Untersucht sie auf gemeinsame Eigenschaften.

2 Notiert eure Ergebnisse auf ein Extra-Blatt.

3 Tauscht die Ergebnisse mit dem anderen Team B aus.

4 Bearbeitet als Gruppe den Gruppenauftrag.

Wenn ihr keine Idee habt, wonach ihr die Dreiecke untersuchen könnt, holt euch einen TIPP!

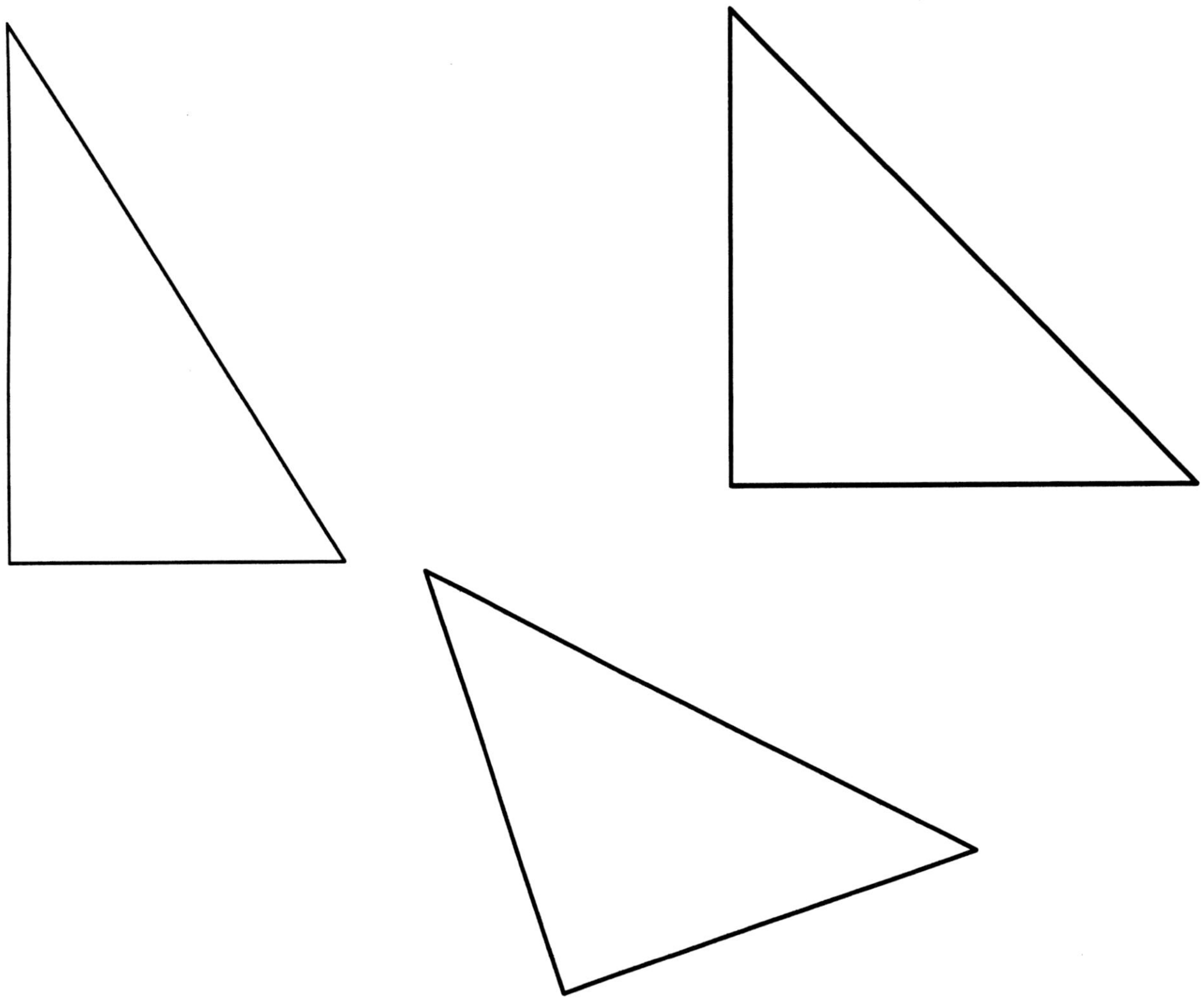

Partnerauftrag

Team C

1 Unten auf der Seite findet ihr drei Dreiecke.
Untersucht sie auf gemeinsame Eigenschaften.

2 Notiert eure Ergebnisse auf ein Extra-Blatt.

3 Tauscht die Ergebnisse mit dem anderen Team C aus.

4 Bearbeitet als Gruppe den *Gruppenauftrag.*

Wenn ihr keine Idee habt, wonach ihr die Dreiecke untersuchen könnt, holt euch einen TIPP!

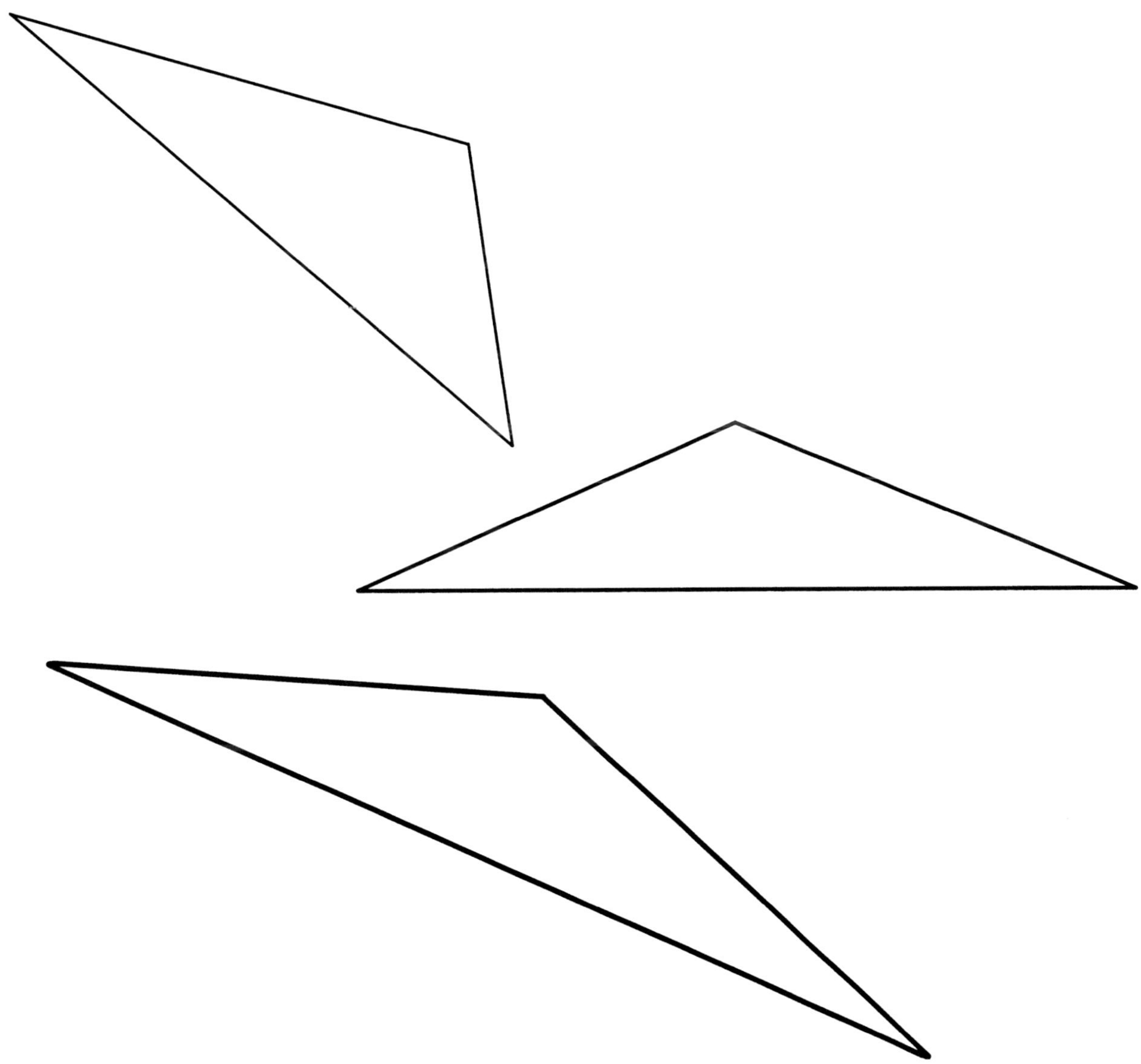

Partnerauftrag

Team D

1 Unten auf der Seite findet ihr drei Dreiecke.
Untersucht sie auf gemeinsame Eigenschaften.

2 Notiert eure Ergebnisse auf ein Extra-Blatt.

3 Tauscht die Ergebnisse mit dem anderen Team D aus.

4 Bearbeitet als Gruppe den Gruppenauftrag.

Wenn ihr keine Idee habt, wonach ihr die Dreiecke untersuchen könnt, holt euch einen TIPP!

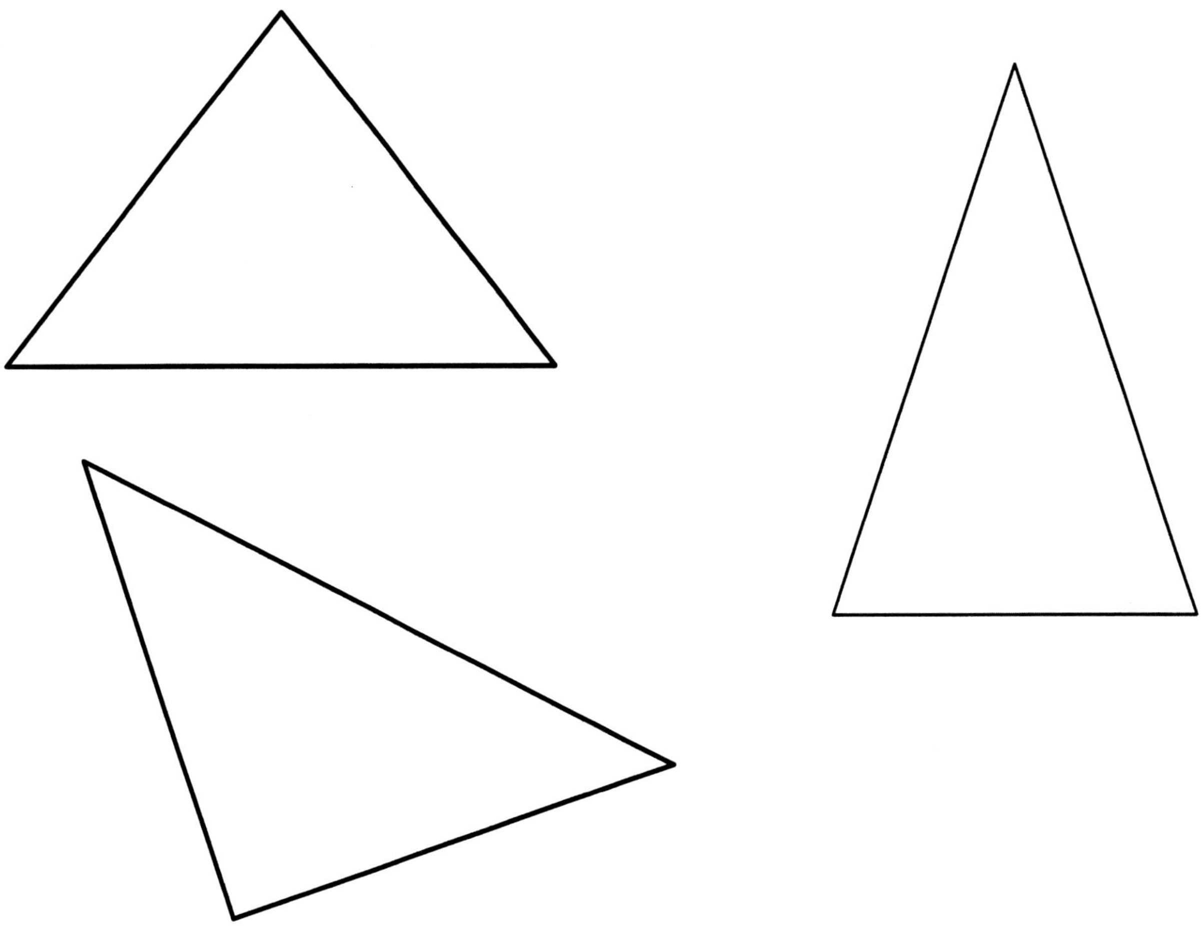

Partnerauftrag

Team E

1 Unten auf der Seite findet ihr drei Dreiecke.
Untersucht sie auf gemeinsame Eigenschaften.

2 Notiert eure Ergebnisse auf ein Extra-Blatt.

3 Tauscht die Ergebnisse mit dem anderen Team E aus.

4 Bearbeitet als Gruppe den Gruppenauftrag.

Wenn ihr keine Idee habt, wonach ihr die Dreiecke untersuchen könnt, holt euch einen TIPP!

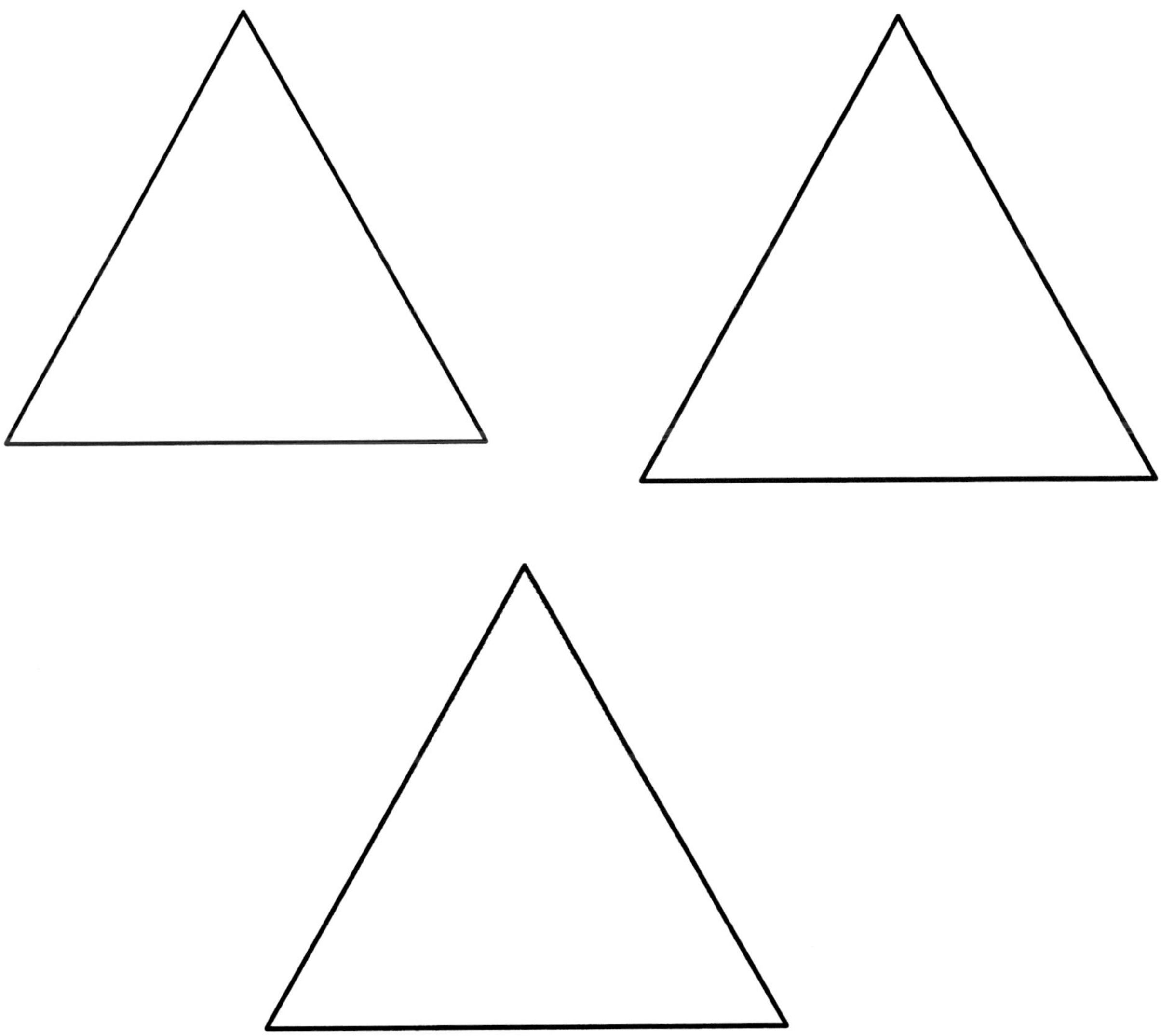

Gruppenauftrag

1 Schaut nun auf die Folie und überlegt in eurer Gruppe, welchen Namen ihr euren Dreiecken geben könnt. Kontrolliert eure Lösungen.

2 Schaut an die Tafel. Dort gibt es verschiedene Dreiecke. Überlegt, welches der Dreiecke die gleichen Eigenschaften hat wie die drei Dreiecke, die ihr untersucht habt.

3 Ein Schüler holt das entsprechende Dreieck von der Tafel und ein Plakat.

4 Klebt das Dreieck mittig auf das Plakat.

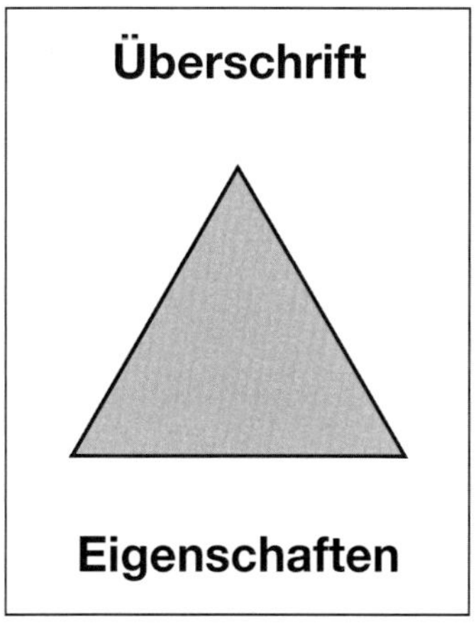

5 Beschriftet das Dreieck (Eckpunkte, Seiten, Winkel) und schreibt die Eigenschaften des Dreiecks unten auf das Plakat.

6 Welchen Namen habt ihr eurem Dreieck aufgrund seiner Eigenschaften geben? Schreibt den Namen oben auf das Plakat.

Partneraufträge

TIPP

- Untersucht die Dreiecke auf **Winkelarten**.
  Sind die Winkel **spitz**, **stumpf** oder **rechtwinklig**?
- Untersucht die Dreiecke auf **Seitenlängen**.
  Sind sie **gleich** oder **verschiedenen lang**?
- Schreibt **nur die Merkmale** auf, die für **alle Dreiecksbeispiele zutreffen**.

____

____

____

____

____

____

✂

Zusatzaufgabe

- Spannt in das Geobrett möglichst viele Dreiecke. Sie sollen die gleichen Eigenschaften haben wie die Dreiecke aus eurem Partnerauftrag.
- Die Dreiecke müssen alle unterschiedlich sein, dürfen also nicht deckungsgleich sein.

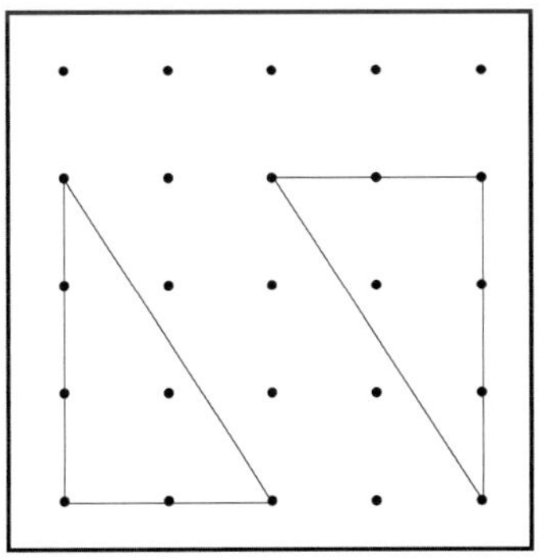

Achtung!!! So nicht!!!

Die Dreiecke sind **deckungsgleich**.
Winkel und **Seitenlängen** sind **identisch**.
Ein Dreieck ist nur anders gedreht!

Tafelbild

Am Ende der Präsentation:

Wodurch unterscheiden sich die Dreiecke?

Schülervermutungen:
- …
- …

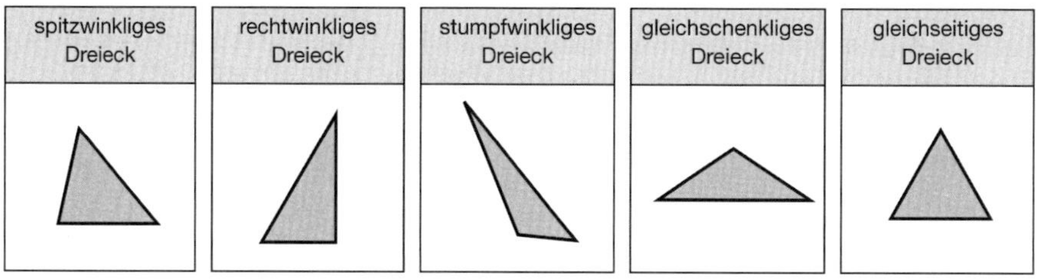

Tabelle zum Einordnen der Dreiecke am Schluss der Stunde

	gleichseitig	**gleichschenklig**	**ungleichseitig**
rechtwinklig			
spitzwinklig			
stumpfwinklig			

Formen und Eigenschaften von Dreiecken

Arbeitsblatt

1 Beschrifte die Dreiecke vollständig (Eckpunkte, Seiten, Winkel).

2 Untersuche sie auf ihre Eigenschaften.
Verbinde nun die Dreiecke mit den passenden Beschreibungen.

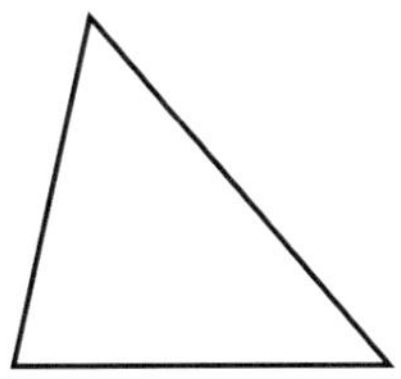

gleichschenkliges Dreieck

Basiswinkel: $\alpha = \beta$
Schenkel: $a = b$

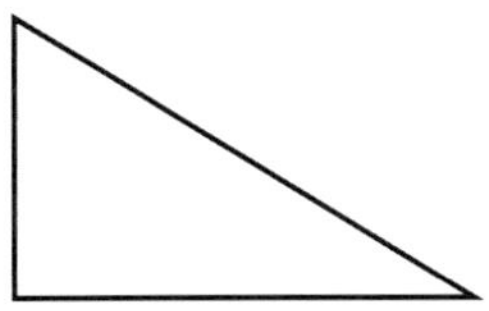

spitzwinkliges Dreieck

$\alpha < 90°, \beta < 90°, \gamma < 90°$

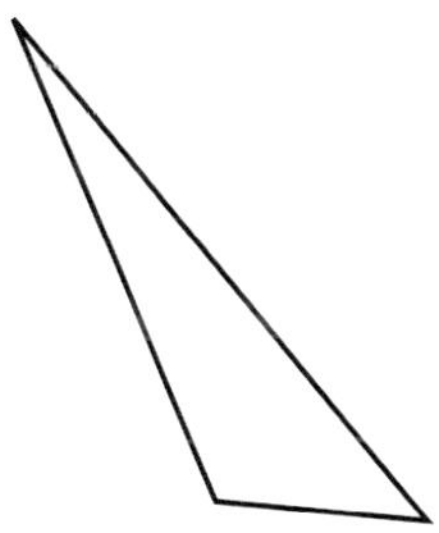

gleichseitiges Dreieck

$\alpha = \beta = \gamma = 60°$
$a = b = c$

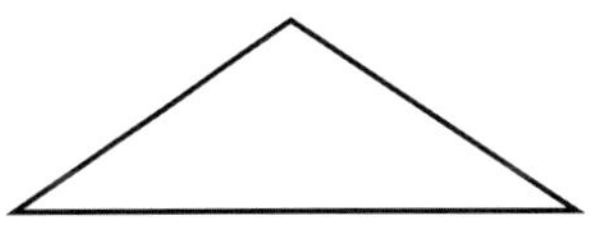

stumpfwinkliges Dreieck

$\alpha > 90°$ oder $\beta > 90°$
oder $\gamma > 90°$

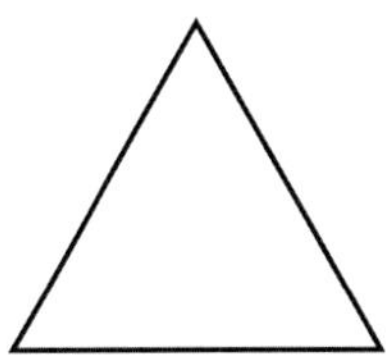

rechtwinkliges Dreieck

$\alpha = 90°$ oder $\beta = 90°$
oder $\gamma = 90°$

Formen und Eigenschaften von Dreiecken

3 a) Male die stumpfwinkligen Dreiecke rot, die rechtwinkligen blau und die spitzwinkligen gelb an.

b) Male die gleichseitigen Dreiecke orange und die gleichschenkligen grün aus.

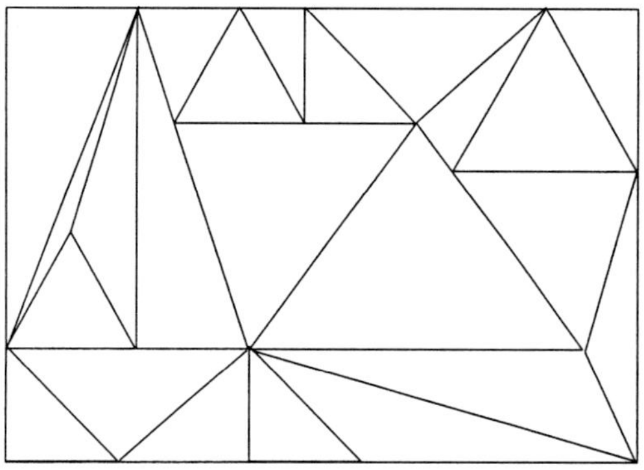

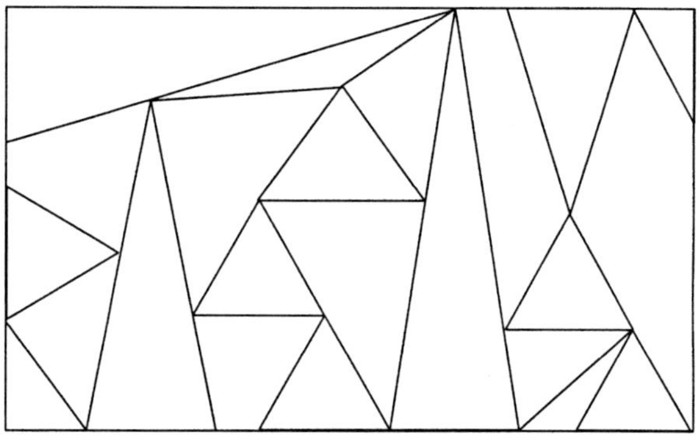

4 Verbinde die Punkte so, dass jeweils ein rechtwinkliges, spitzwinkliges, stumpfwinkliges, gleichschenkliges und gleichseitiges Dreieck entsteht.

Team A

Lösung

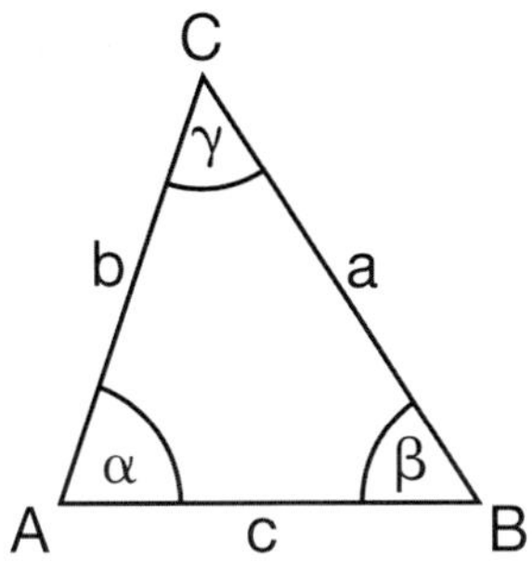

$\alpha < 90°$

$\beta < 90°$

$\gamma < 90°$

- Jedes Dreieck hat nur **spitze Winkel**.
  Es sind spitzwinklige Dreiecke.

✂

Team B

Lösung

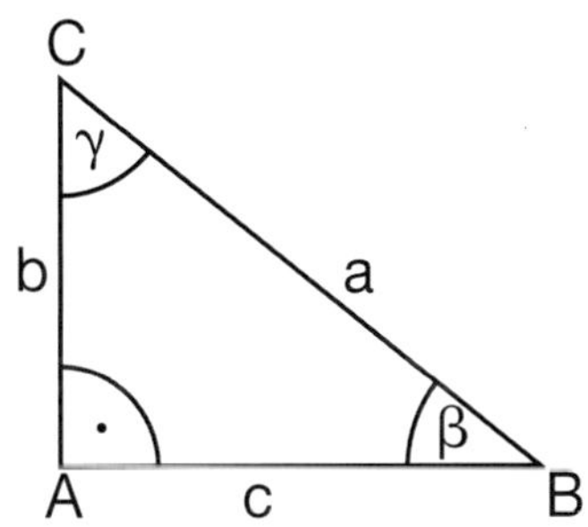

$\alpha = 90°$

- Jedes Dreieck hat einen **rechten Winkel**.
  Es sind rechtwinklige Dreiecke.

✂

Team C

Lösung

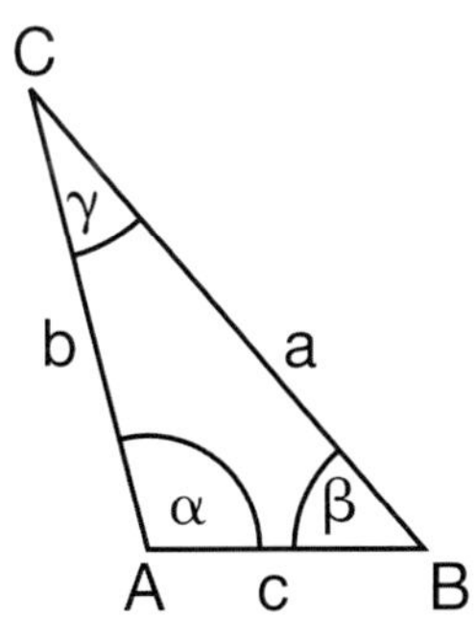

$\alpha > 90°$

- Jedes Dreieck hat einen **stumpfen Winkel**.
  Es sind stumpfwinklige Dreiecke.

Team D

Lösung

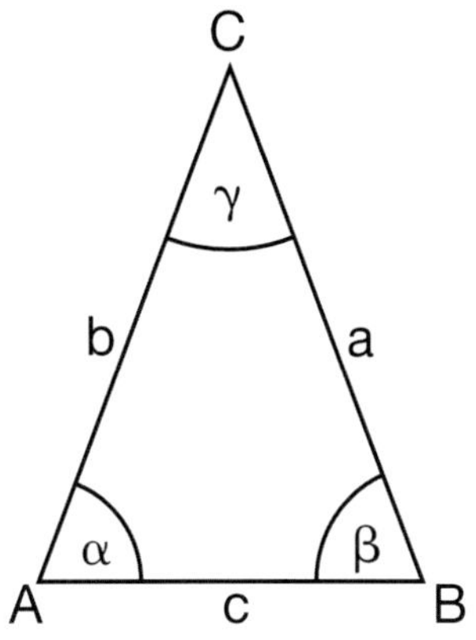

$\alpha = \beta$

$a = b$

- Jedes Dreieck hat **zwei gleich große Winkel**.
- **Zwei Seiten** sind immer **gleich lang**.
  Es sind gleichschenklige Dreiecke.

Besonderheit:
Das Dreieck hat besondere Bezeichnungen:

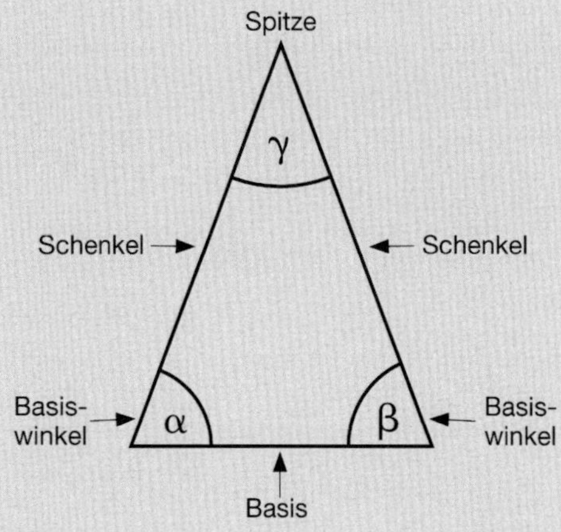

Team D

Lösung

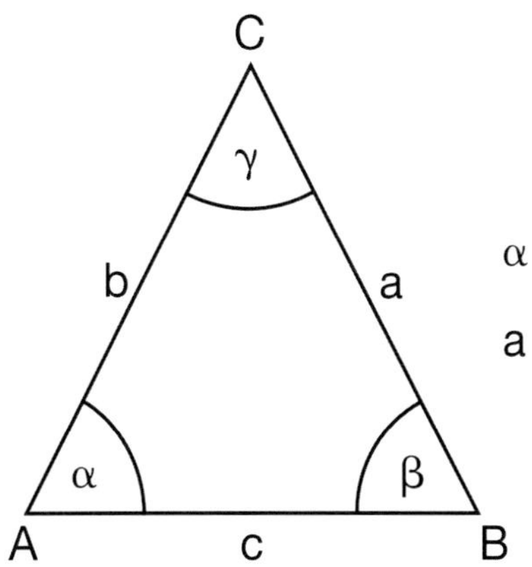

$\alpha = \beta = \gamma$

$a = b = c$

- Jedes Dreieck hat **drei spitze Winkel**.
- Jeder Winkel beträgt **60°**.
- Alle Seiten sind **gleich lang**.
  Es sind gleichseitige Dreiecke.

Formen und Eigenschaften von Dreiecken

Arbeitsblatt Lösung

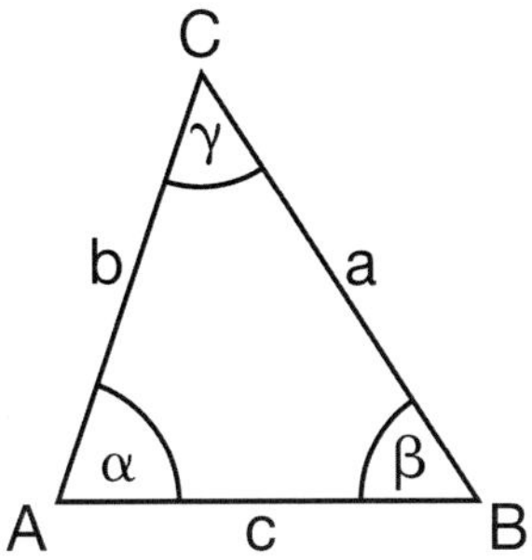

spitzwinkliges Dreieck

$\alpha < 90°$, $\beta < 90°$, $\gamma < 90°$

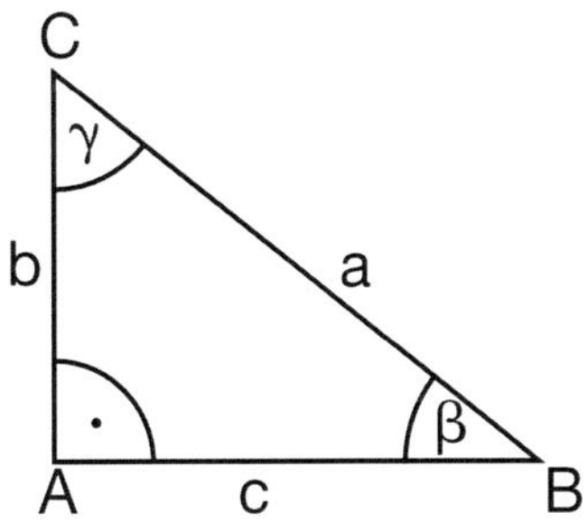

rechtwinkliges Dreieck

$\alpha = 90°$ oder $\beta = 90°$
oder $\gamma = 90°$

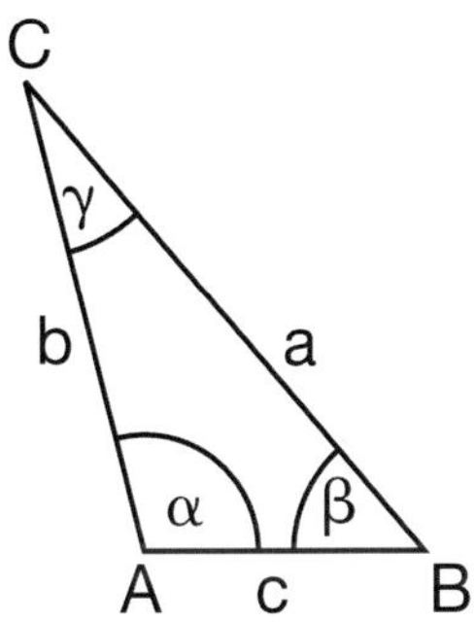

stumpfwinkliges Dreieck

$\alpha > 90°$ oder $\beta > 90°$
oder $\gamma > 90°$

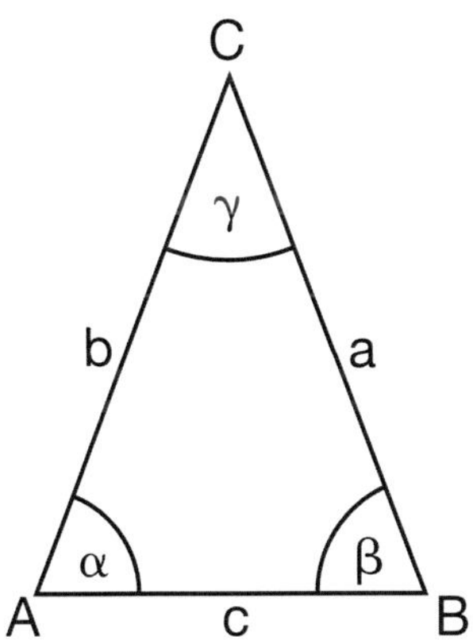

gleichschenkliges Dreieck

Basiswinkel: $\alpha = \beta$
Schenkel: $a = b$

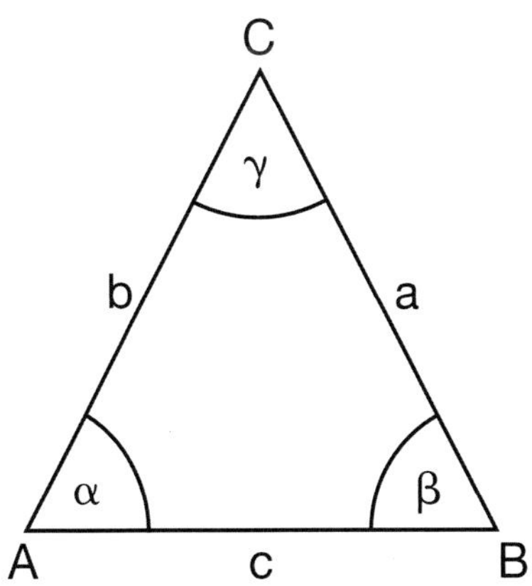

gleichseitiges Dreieck

$\alpha = \beta = \gamma = 60°$
$a = b = c$

Darstellung der 7. und 8. Unterrichtsstunde

Thema der Unterrichtsstunde:

Eine Nacht im Museum – Namen und Eigenschaften von geometrischen Körpern

Ziele der Unterrichtsstunde:

Groblernziel:

Die Schülerinnen und Schüler sollen durch die Arbeit mit Körpermodellen die Bezeichnungen der geometrischen Körper Kugel, Würfel, Quader, Kegel, Zylinder, Pyramide und Prisma benennen und anhand ihrer Eigenschaften unterscheiden.

Feinlernziele:

Die Schülerinnen und Schüler sollen …

- … die Bezeichnungen Kugel, Würfel, Quader, Kegel, Zylinder, Pyramide, Prisma den entsprechenden Körpern zuordnen.
- … die geometrischen Körper durch Ertasten voneinander unterscheiden und benennen.
- … die Eigenschaften geometrischer Körper nennen, indem sie die Anzahl der Ecken, Flächen und Kanten in einem Steckbrief ergänzen.
- … ein Kantenmodell eines Würfels und einer Pyramide mithilfe eines Körperspanngeräts erstellen.
- … geometrische Körper nach Anleitung anordnen, indem sie die Anweisung des Mitschülers ausführen.

△ *Didaktische Reserve:*

Die Schülerinnen und Schüler sollen …

- … die Schnittmenge aus den Körpereigenschaften „rollen“ und „kippen“ bilden.

Unterrichtsverlaufsplan der 7. und 8. Stunde

Der Unterrichtsverlauf ist für eine Doppelstunde geplant. Die didaktische Reserve kann auch als Einstieg in die 2. Stunde eingesetzt werden.

Zeit	Phase	Geplanter Unterrichtsverlauf	Arbeits-, Sozial-, Aktionsform	Medien, Materialien	Didaktisch-/ Methodischer-Kommentar
10 Min.	**Einstieg**	• L. erzählt eine Geschichte, in der Eigenschaften von sieben verschiedenen Körpern vorgestellt werden (S. 79). • SuS suchen die entsprechenden Körper anhand der vorgegebenen Eigenschaften heraus und stellen sie so hin, dass sie von allen gesehen werden können. • Anschließend ordnen sie den Körpern die entsprechenden Namenskärtchen zu. • L. leitet zum Lernbuffet/Lernzirkel über und klärt Organisatorisches zur Arbeitsform. • L. leitet Gruppenarbeit ein und verteilt Laufzettel an jeden Schüler.	Lehrererzählung Empfehlenswert ist hier der Unterricht im Sitzkreis UG	• Geschichte (Impuls) • 7 geometrische Körper (Quader, Würfel, Zylinder, Kegel, Prisma, Pyramide, Kugel) • 7 Kärtchen mit den Bezeichnungen der Körper • ggf. Organisationskärtchen (S. 117)	Motivation durch eine Geschichte. Die geometrischen Körper werden in einem Sitzkreis vorgestellt, damit sie für alle SuS gut sichtbar sind. Auf diese Weise wird die enaktive Darstellungsebene angesprochen. L. weist darauf hin, dass an jeder Aufgabe/Station höchstens 10 Min gearbeitet wird. Organisationskärtchen (S. 117) ermöglichen einen reibungslosen Ablauf der GA.
70 Min.	**Erarbeitung**	• SuS arbeiten in ihren Gruppen an den jeweiligen Aufgaben des Lernbuffets/ Lernzirkels (S. 81–87). • L. beobachtet die Gruppen und klärt gegebenenfalls Fragen. • SuS kontrollieren ihre Aufgaben selbstständig.	GA	• Laufzettel (S. 80) • Stationenaufgaben • Lösungen • Material für Lernbuffet/ Lernzirkel: – Aufg. 2: Beutel, 5 verschiedene geometrische Körper – Aufg. 3: Körperspanngerät, Gummis Lineal – Bauanleitung für Körperspanngerät (siehe S. 93) – Aufg. 5: Lineal – Aufg. 6: Bauklötzchen: Quader, Würfel, Zylinder, Kegel, dreiseitiges Prisma, Pyramide	Aus organisatorischen Gründen empfiehlt es sich, dass nur jeweils eine Gruppe an einer Aufgabe/ Station arbeitet und dass sich SuS an die vom Lehrer vorgegebene Reihenfolge halten (Laufzettel).

Unterrichtsverlaufsplan der 7./8. Stunde

Zeit	Phase	Geplanter Unterrichtsverlauf	Arbeits-, Sozial-, Aktionsform	Medien, Materialien	Didaktisch-/ Methodischer-Kommentar
				– Aufg. 7: Bauklötzchen: 4 gleichgroße Quader, 1 Bogen, 2 gleichgroße Zylinder, 1 länglicher Quader, 2 Würfel, 2 halbkreisförmige Körper	
10 Min.	**Sicherung**	• L. fordert SuS auf, einen Sitzkreis zu bilden. • L. knüpft an die Geschichte an und verteilt einigen SuS Quizkarten die Körpereigenschaften beschreiben. (S. 92). • SuS lesen nacheinander die Karten vor. Die anderen SuS nennen die Bezeichnungen der gesuchten Körper.	UG im Sitzkreis	• Quizkarten mit Körpereigenschaften (S. 92)	Wiederholung Festigung
		Didaktische Reserve: • L. legt zwei Seile kreisförmig hin und zwar so, dass ein Feld für eine Schnittmenge entsteht. • L. fragt welche Körper rollen und/ oder kippen können. • SuS sortieren die Körper nach diesen Eigenschaften und verteilen sie auf die entsprechenden „Seil-Felder“		• 7 verschiedene geometrische Körper • Alternativ: entsprechende Alltagsgegenstände • 2 Seile	Die kreisförmig gelegten Seile dienen zur Markierung und Abgrenzung der beiden Eigenschaften. Zur Schnittmenge gehören Zylinder und Kegel, da sie sowohl kippen als auch rollen können.

Im Saal der sieben Körper

Sabine und Peter machen eine spannende Reise nach München. Sie wollen dort an der Geisternacht im Museum teilnehmen. Beide sind schon ganz aufgeregt. Was wird wohl passieren? Um Mitternacht sollen sie im Saal der sieben blauen Körper sein.

Dort angekommen hören sie, wie sich plötzlich die Tür schließt und eine tiefe Stimme spricht zu ihnen: „Ihr werdet diesen Raum nur wieder verlassen, wenn ihr unsere Namen sagen könnt. Ich hoffe, ihr erkennt uns, sonst sieht es für euch schlecht aus."

Sabine und Peter beginnen vor Angst zu zittern. Ihnen wird abwechselnd warm und kalt. Da rollt auch schon der erste Körper an ihnen vorbei: „Haha, ich habe keine einzige Kante. Mich kennt keiner beim Namen."

Dann hören sie eine leise Stimme: „Mich kennt jeder, ich habe sechs gleich große Flächen und werde gern zum Spielen benutzt."

„Puh!", schreit eine schrille Stimme, „ich sehe fast genauso aus. Ich habe auch sechs Flächen, aber bei mir sind höchstens vier davon gleich groß."

Sabine und Peter werden immer aufgeregter. Da erklingt schon eine neue, sehr eitel klingende Stimme: „Bin ich nicht ein großartiger Körper?", hören sie ihn prahlen, „ich habe eine Kante und nur ich habe eine Spitze."

Plötzlich streiten sich zwei Körper: „Du siehst aus wie eine Straßenwalze und hast nur zwei Kanten.

Aber ich bin interessant. Vier meiner Seitenflächen sehen aus wie stolze Dreiecke."

Bislang kennen Sabine und Peter alle Körper mit Namen, aber einer fehlt noch.

„Liebe Kinder, ich glaube ihr müsst in diesem Zimmer bleiben. Mein Name ist euch bestimmt unbekannt", seufzt der letzte blaue Körper, „ich habe nämlich eine ganz besondere Form. Ich habe dreieckige und rechteckige Flächen."

Würdet ihr das Rätsel lösen können?

Name: ______________________ Datum: ____________

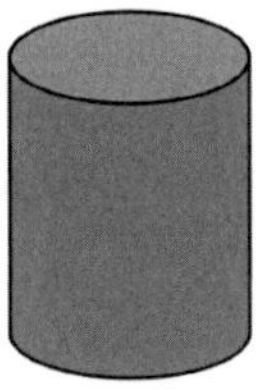

Laufzettel der Gruppe

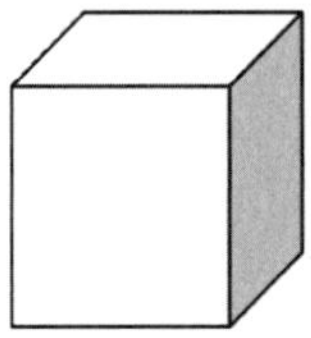

____

Gruppenname

Unsere Gruppe beginnt mit Station ____________

Auf-gabe	Aufgabenblatt	Pflicht-/ Wahl-aufgabe	erledigt und kontrolliert (X)	Die Station war für mich	Arbeits-verhal-ten ☺ 😐 ☹
1	**Körper zuordnen**	Pflicht		leicht ○ mittel ○ schwer ○	
2	**Körper fühlen**	Pflicht		leicht ○ mittel ○ schwer ○	
3	**Körperspanngerät**	Pflicht		leicht ○ mittel ○ schwer ○	
4	**Körperrätsel**	Wahl		leicht ○ mittel ○ schwer ○	
5	**Körpersteckbrief**	Pflicht		leicht ○ mittel ○ schwer ○	
6	**Zusammengesetzte Körper**	Pflicht		leicht ○ mittel ○ schwer ○	
7	**Körperdiktat**	Wahl		leicht ○ mittel ○ schwer ○	

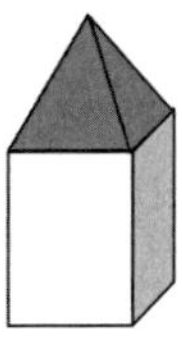

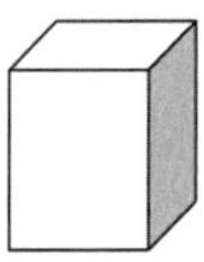

Aufgabe 1: Körper zuordnen

Verbindet den Namen des Körpers mit der entsprechenden Abbildung.

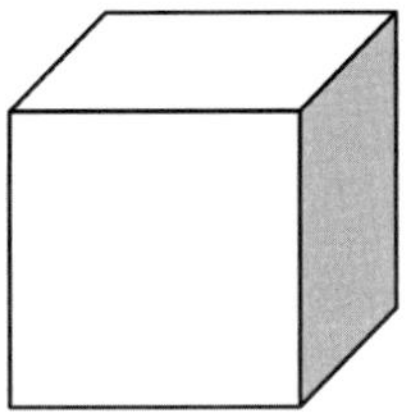

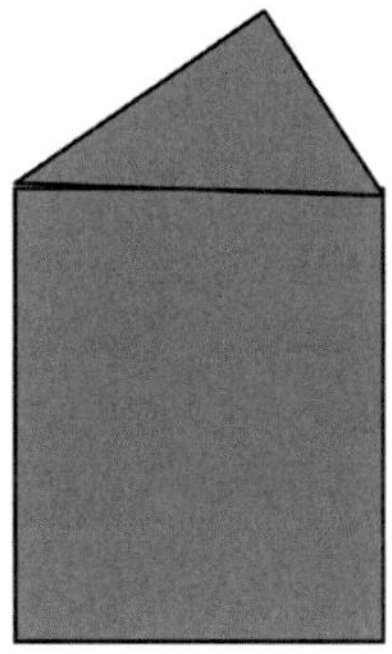

Kugel

Kegel

Würfel

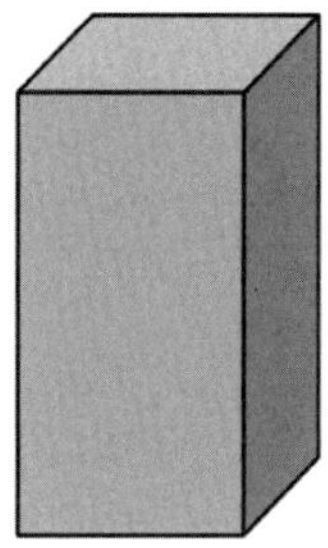

dreiseitiges Prisma

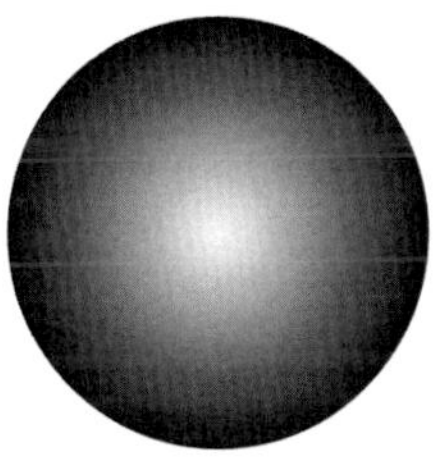

Pyramide

Zylinder

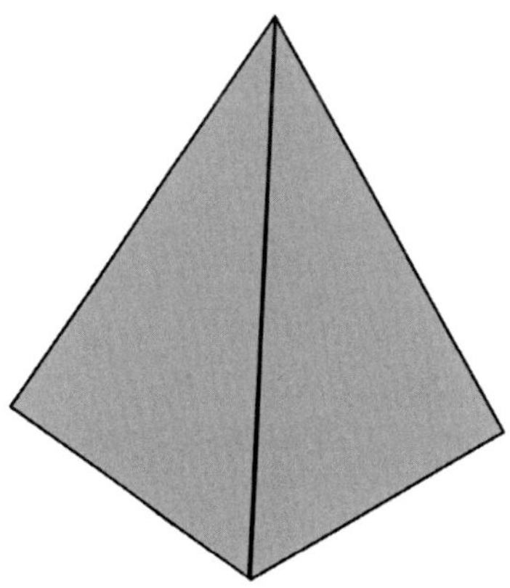

Quader

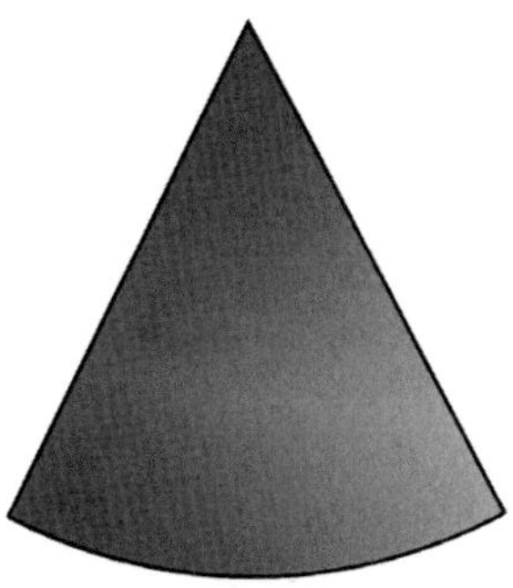

Aufgabe 2: Körper fühlen

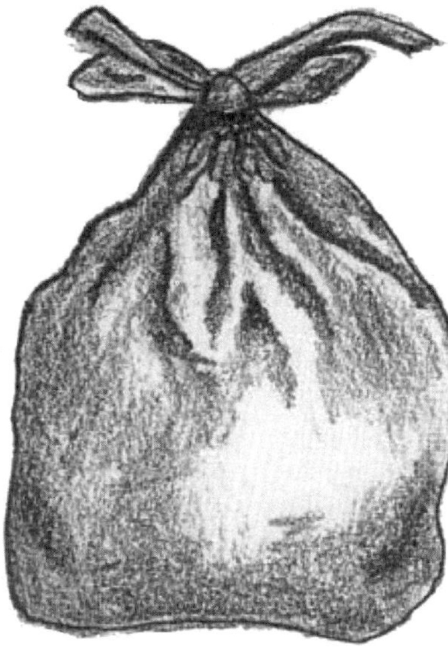

Im Beutel befinden sich verschiedene Gegenstände.

- Greift nacheinander in den Beutel ohne hineinzuschauen und ertastet die Körperformen.
- Tragt die Körperformen und die jeweilige Anzahl der Flächen in die Tabelle ein.
- Holt den Körper aus dem Beutel und kontrolliert euer Ergebnis.

Körperform	Anzahl der Flächen

Aufgabe 3: Körperspanngerät

a) Spannt mit Hilfe der Gummibänder einen Würfel. Gebt die ungefähre Länge einer Kante an.

Kantenlänge: ________________ cm

b) Spannt die Diagonale von einer Ecke zur gegenüberliegenden Ecke, man nennt sie auch Körperdiagonale. Gebt ihre ungefähre Länge an.

Länge: ________________ cm.

c) Spannt eine Pyramide und gebt die ungefähre Länge einer Kante an.

Kantenlänge: ________________ cm

d) Spannt die Höhe der Pyramide und gebt die ungefähre Höhe an.

Höhe: ________________ cm

Aufgabe 4: Körperrätsel

Löst das Körperrätsel. Tragt die richtige Antwort von oben nach unten bzw. von links nach rechts in die Kästchen ein. (ö = oe, ü = ue)

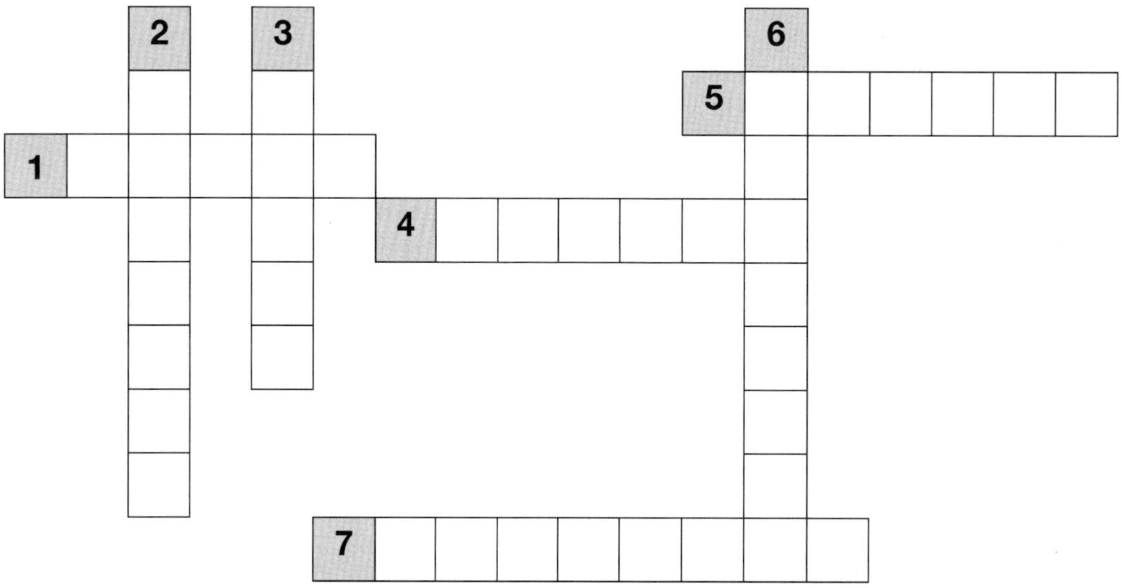

1. Der Körper hat nur eine Fläche.
2. Mit diesem Körper werden viele Spiele durchgeführt.
3. Dieser Körper hat eine Spitze und eine Kante.
4. Diese Form haben die meisten Schachteln.
5. Dieser Körper hat neun Kanten.
6. Diese Körperform, mit einer quadratischen Grundfläche, findet man in Ägypten.
7. Schornsteinfeger tragen sie auf dem Kopf.

Aufgabe 5: Körpersteckbrief

Sucht euch 3 geometrische Körper aus
und schreibt ihren Steckbrief.

Steckbrief

für einen ______________

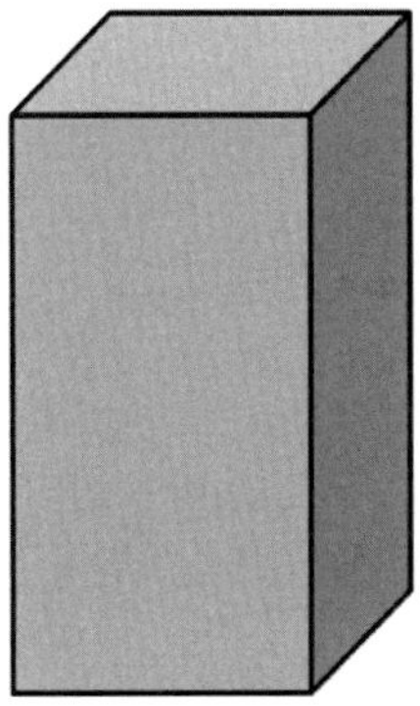

Anzahl der Ecken: ______________

Anzahl der Kanten: ______________

Anzahl der Flächen: ______________

Länge der Kanten (mit dem Lineal messen).

____

____

Welche Kanten sind gleich lang?

____

____

Vergleiche die Größe der Flächen miteinander.

____

____

Welche Flächen sind gleich groß?

____

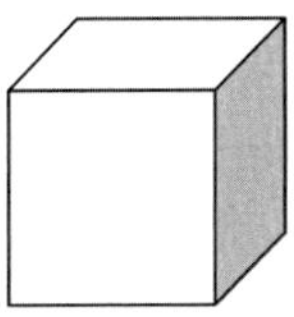

Aufgabe 6: Zusammengesetzte Körper

Nehmt die folgenden Körper und stellt sie wie in den folgenden Abbildungen aufeinander.
Notiert dann, welche Körper jeweils zusammengesetzt sind.

a) 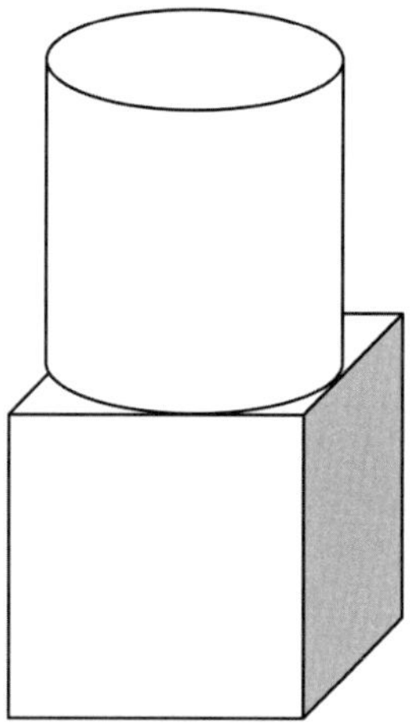

b) 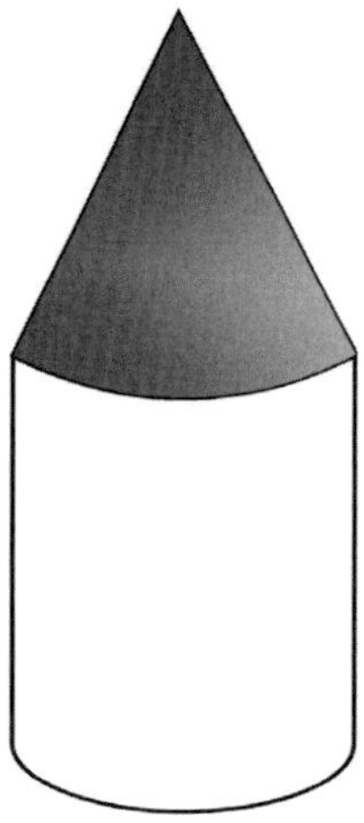

c) 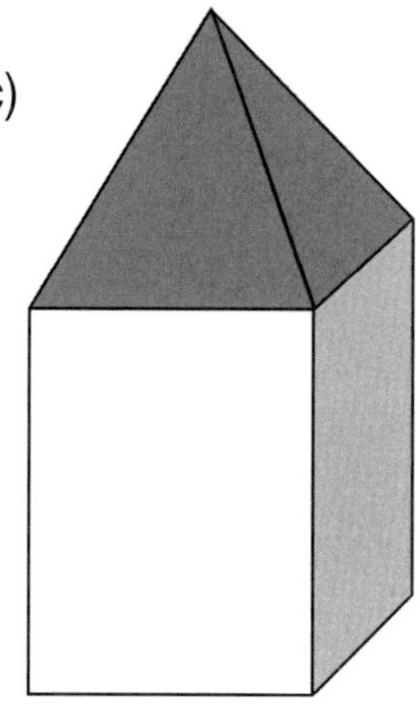

d) 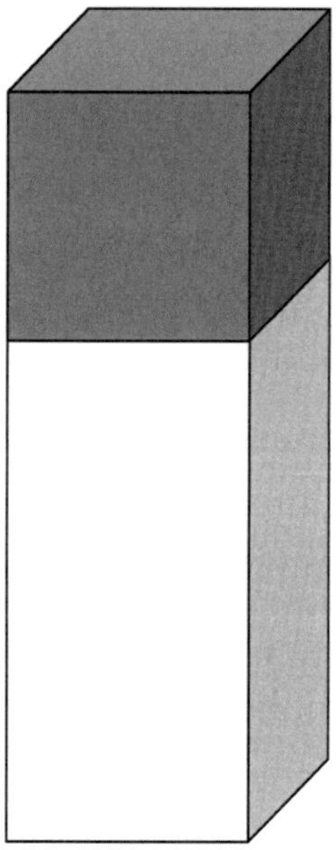

e) 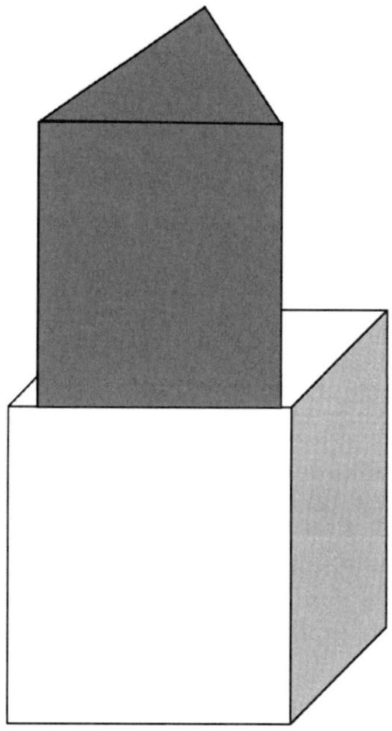

Aufgabe 7: Körperdiktat

Für diese Aufgabe müsst ihr zu zweit sein.

Ihr benötigt verschiedene geometrische Körper und Textkärtchen.
Eine/ Einer liest den Text und der/die andere führt die Aufgabe aus.
Wechselt die Rollen bei jeder neuen Aufgabe.

1 Stelle zwei Zylinder auf. Lege über die beiden Bauklötze einen Quader. Baue auf diesen Quader zwei Würfel. Sie sollen vom Rand des Quaders den gleichen Abstand haben.	**2** Stelle zwei Quader nebeneinander. Verbinde beide Steine, indem du oben auf die inneren Kanten einen Bogen baust.
3 Lege zwei Würfel nebeneinander auf den Tisch. Stelle auf jeden Würfel einen Zylinder. Verbinde die beiden Steine durch einen Bogen. Dieser soll jeweils in der Mitte des Zylinders stehen.	**4** Lege zwei Quader so auf den Tisch, dass ihre quadratischen Grundflächen aneinanderstoßen. Stelle auf die äußeren Enden der Quader je einen Quader gleicher Größe. Verbinde diese beiden Steine durch einen passenden Quader.
5 Lege einen Quader mit seiner größten Fläche auf den Tisch. Stelle auf die äußeren Enden je einen Quader gleicher Größe und auf jeden Quader einen halbkreisförmigen Körper.	**6** Lege zwei Würfel auf den Tisch. Stelle auf den rechten Würfel einen Zylinder und auf den linken Würfel einen Quader. Sie sollen beide gleich hoch sein. Verbinde beide durch einen Bogen. Dieser soll in der Mitte beider Bausteine stehen.

Aufgabe 1

Lösung

Name	Abbildung
dreiseitiges Prisma	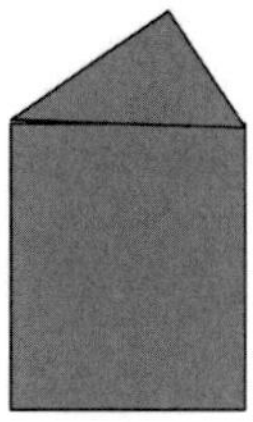
Kegel	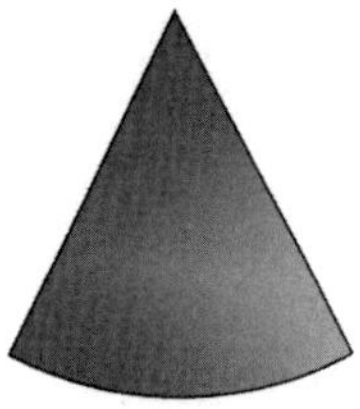
Kugel	
Pyramide	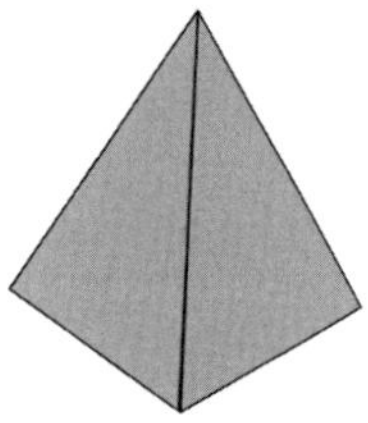
Quader	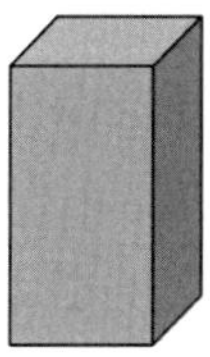
Würfel	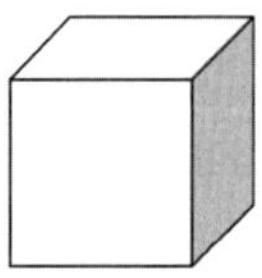
Zylinder	

Aufgabe 2

Lösung

Körperform	Anzahl der Flächen
Würfel	6
Quader	6
Zylinder	3
Kegel	2
Pyramide	5
Kugel	1
dreiseitiges Prisma	5

✂

Aufgabe 4

Lösung

		2		3								6					
		W		K							5	P	R	I	S	M	A
1	K	U	G	E	L							Y					
		E		G		4	Q	U	A	D	E	R					
		R		E								A					
		F		L								M					
		E										I					
		L										D					
					7	Z	Y	L	I	N	D	E	R				

Aufgabe 5

Lösung

Eigenschaften des Körpers	**Würfel**	**Quader**	**Zylinder**	**Kegel**	**Pyramide**	**Kugel**	**dreiseitiges Prisma**
Anzahl der Ecken	**8**	**8**	**0**	Er hat eine Spitze	**5**	**0**	**6**
Anzahl der Kanten	**12**	**12**	**2**	**1**	**8**	**0**	**9**
Alle Kanten sind gleich lang.	**X**		**X**				
Die gegenüberliegenden Kanten sind gleich lang.	**X**	**X**	**X**		**X**		**X**
Anzahl der Flächen	**6**	**6**	**3**	**2**	**5**	**1**	**5**
Die gegenüberliegenden Flächen sind parallel und gleich groß.	**X**	**X**	**X**				**X**
Alle Flächen sind gleich groß.	**X**						

Aufgabe 6

Lösung

Die Körper sind zusammengesetzt aus ...

a) ***Zylinder und Würfel***

b) ***Zylinder und Kegel***

c) ***Quader und Pyramide***

d) ***Würfel und Quader***

e) ***Quader und dreiseitiges Prisma***

Aufgabe 7 Lösung

1

2

3

4

5

6

Körper-Quiz

Ich habe leider keine Ecken,
aber dafür 2 Kanten und 3 Flächen.
Außerdem kann ich kippen und
rollen.

Zylinder

Ich habe nur eine Fläche,
keine Ecken und ich kann sehr gut
rollen.

Kugel

Ich habe 5 Flächen und 5 Ecken.
Außerdem habe ich 8 Kanten
und ich kann kippen.

Pyramide

Ich habe nur 2 Flächen,
eine Kante und eine Spitze.
Aber dafür kann ich rollen und
kippen.

Kegel

Ich habe 6 Flächen, 8 Ecken
und 12 gleichlange Kanten.
Ich kann nur kippen.

Würfel

Ich habe 5 Flächen, 6 Ecken
und 9 Kanten. Ich kann nur kippen.

Prisma

Ich habe 6 Flächen und 8 Ecken.
Meine 12 Kanten sind nicht alle
gleich lang.
Ich kann nur kippen.

Quader

Körperspanngerät

Bau-anleitung

Man benötigt: 2 Sperrholzplatten 50 cm x 50 cm,
4 Rundhölzer von 31 cm Länge und einem Durchmesser von 3 cm,
4 Rundhölzer von 50 cm Länge und einem Durchmesser von 3 cm,
16 Dübel von 5 cm Länge und einem Durchmesser von 1 cm,
Leim zum Befestigen der Dübel im Rundholz, 50 kleine Haken,
mindestens 20 starke Gummibänder zum Spannen der Körper und zum Befestigen der Sperrholzplatten (siehe Foto S. 83), eine Säge, einen Bohrer.

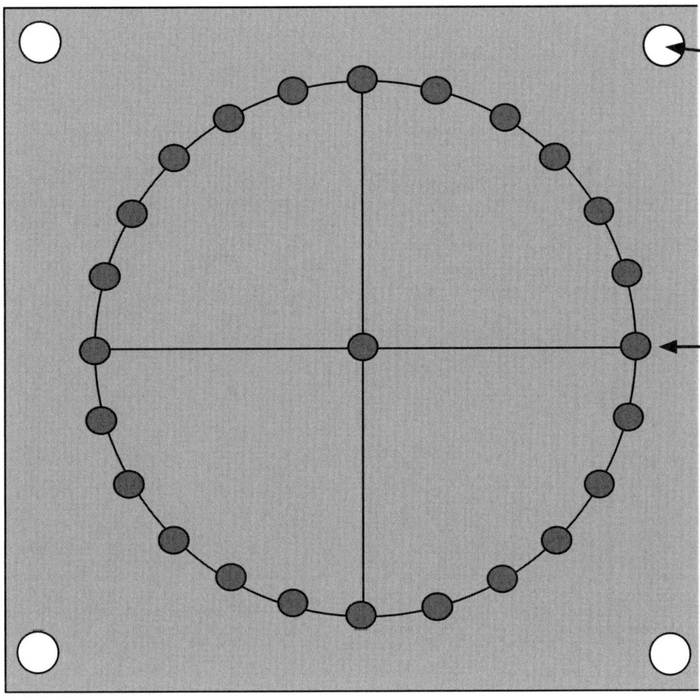

Bauanleitung:

Zunächst wird eine Sperrholzplatte von 50 cm mal 50 cm zugesägt. Auf die Platte wird ein Kreis mit dem Durchmesser 40 cm gezeichnet. Auf dem Kreisbogen werden in Abständen von jeweils 5,2 cm 24 Haken zum Spannen der geometrischen Körper angebracht.
Ein weiterer Haken wird im Mittelpunkt befestigt. Er wird zum Spannen einer Pyramide oder zum Spannen der Körperhöhe benötigt. An allen vier Ecken werden Löcher mit einem Durchmesser von 1 cm gebohrt. Mit der zweiten Platte wird genauso verfahren, sodass zwei identische Platten entstehen (eine für die Unterseite und eine für die Deckplatte des Körperspanngeräts).
In jedes Rundholz wird jeweils am Ende ein Dübel eingelassen. 3 cm des Dübels sollen aus dem Rundholz hervorstehen. Je nachdem welche Körper gespannt werden sollen, werden anschließen vier gleich große Rundhölzer mit den Dübeln in die Bohrungen an den Ecken der Sperrholzplatten gesteckt.
Die Rundhölzer von 31 cm Länge ermöglichen das Spannen von Würfeln und Pyramiden.
Um einen Quader spannen zu können, braucht man Rundhölzer von 50 cm Länge. Zusammengehalten werden die Sperrholzplatten außerdem durch Gummiringe.

Darstellung der 9. Unterrichtsstunde

Thema der Unterrichtsstunde:

Eine Summe quer durch die Zahl – Quersummenregel

Ziele der Unterrichtsstunde:

Groblernziel:

Die Schülerinnen und Schüler sollen die Quersummenregel für die Teilbarkeit von natürlichen Zahlen durch 9 ermitteln.

Feinlernziele:

Die Schülerinnen und Schüler sollen …

- … die Quersummenregel für die Teilbarkeit von natürlichen Zahlen durch die Zahl 9 erarbeiten und formulieren.
- … den Begriff Quersumme erklären.
- … die Quersummenregel für die Teilbarkeit von natürlichen Zahlen durch 9 anwenden.

△ *Didaktische Reserve:*

Die Schülerinnen und Schüler sollen …

- … die Quersummenregel anwenden, indem sie vierstellige Zahlen durch Würfeln bilden.

Unterrichtsverlaufsplan der 9. Stunde

Zeit	Phase	Geplanter Unterrichtsverlauf	Arbeits-, Sozial-, Aktionsform	Medien, Materialien	Didaktisch-/ Methodischer-Kommentar
3 Min.	**Einstieg**	• L. erzählt von einem Murmelspiel auf einer Geburtstagsfeier. Für das Spiel sollen 234 Murmeln an 9 Kinder verteilt werden. • L. schreibt die Zahl 234 an die Tafel und fragt: „Kann mir jemand sofort sagen, ob diese Zahl durch 9 teilbar ist?“ • SuS äußern ihre Vermutungen. • L. zeigt auf die Bechergläser, die auf dem Lehrerpult stehen und Murmeln enthalten (siehe Vorlage S. 97)	Lehrererzählung UG	• Tafel • 200 rote Murmeln, 30 blaue Murmeln, 4 grüne Murmeln in 6 Glasbehältern	Motivation Die Einteilung der Murmeln in Hunderter-, Zehner- und Einerbehälter dient der Veranschaulichung. Die verschiedenen Farben der Murmeln sind an das Montessori-Material angepasst (rot: Hunderter, blau: Zehner, grün: Einer).
15 Min.	**Erarbeitung 1**	• Die Murmeln in den Behältern werden jeweils durch 9 geteilt. • Frage: „Sind 100 Murmeln im ersten Behälter durch 9 teilbar?“ • Erwartete SuS-Antwort: „Nein, eine Murmel bleibt übrig.“ • L. legt die übrig gebliebene Murmel vor den Hunderterbehälter und verfährt genauso mit den Murmeln in den restlichen Behältern (siehe Zeichnung S. 97) • Frage: „Sind die übrig gebliebenen Murmeln durch 9 teilbar?“ • Erwartete SuS-Antwort: „Ja, weil 9 Murmeln übrig geblieben sind.“ • L. notiert die bisherigen Überlegungen als Rechnung an die Tafel (siehe Tafelbild S. 98): $234 = 2 \cdot 99 + 3 \cdot 9 + (2+3+4)$ • Frage: „Fällt euch etwas auf?“ • Erwartete SuS-Antwort: „Die Anzahl der übrig gebliebenen Murmeln der Hunderter-, Zehner- und Vierer-Behälter entsprechen den Ziffern der Ausgangszahl.“ • Die SuS erarbeiten mithilfe der bildlichen Darstellung an der Tafel die Quersumme von 576 (siehe Tafelbild S. 98). • L. erläutert den Begriff der Quersumme und schreibt sie in eine Tabelle (siehe Tafelbild S. 98). • L. lässt einen S die Quersumme von 6813 bilden.	UG	• Tafel • 200 rote Murmeln, 30 blaue Murmeln, 4 grüne Murmeln in 6 Glasbehältern	Beim Ermitteln der Quersumme der zweiten Zahl wird von der Handlungsebene zur bildlichen Darstellung gewechselt, um den Sachverhalt auf eine abstraktere Ebene zu bringen.
3 Min.	**Erarbeitung 2**	• Frage: „Wer kann eine Regel für die Teilbarkeit durch 9 formulieren?“ • Erwartete SuS-Antwort: „Eine Zahl ist durch 9 teilbar, wenn ihre Quersumme durch 9 teilbar ist.“ • Ein S schreibt die Quersummenregel an die Tafel. • SuS übertragen die Regel in ihr Heft.	UG	• Tafel • Schulheft	L. gibt gegebenenfalls Hilfestellung bei der Formulierung der Quersummenregel. SuS sichern ihr Ergebnis.

Unterrichtsverlaufsplan der 9. Stunde

Zeit	Phase	Geplanter Unterrichtsverlauf	Arbeits-, Sozial-, Aktionsform	Medien, Materialien	Didaktisch-/ Methodischer-Kommentar
15 Min.	**Festigung**	• L. verteilt Arbeitsblatt 1. • Zeitvorgabe: 15 Min • Schnelle SuS erhalten Arbeitsblatt 2 und bearbeiten die Aufgaben (zur quantitativen Differenzierung).	EA	• AB 1 • AB 2 • Würfel	Das zusätzliche Arbeitsblatt dient zur quantitativen Differenzierung.
9 Min.	**Ergebniskontrolle**	• SuS lesen ihre Ergebnisse vor und korrigieren gegebenenfalls.	UG	• AB 1 • AB 2 • Lösungen AB	Beim Ergebnisvergleich bekommt L. einen Eindruck über den Leistungsstand der SuS.
		Didaktische Reserve: • L. bittet 2 SuS zu würfeln. • Ein weiterer S bildet aus den Ziffern eine vierstellige Zahl und schreibt sie an die Tafel. • Die restlichen SuS überprüfen, ob die Zahl durch 9 teilbar ist.	UG	• 4 Würfel	Mit dem Würfelspiel werden die Inhalte der Stunde wiederholt und gefestigt.

Herleitung der Quersummenregel

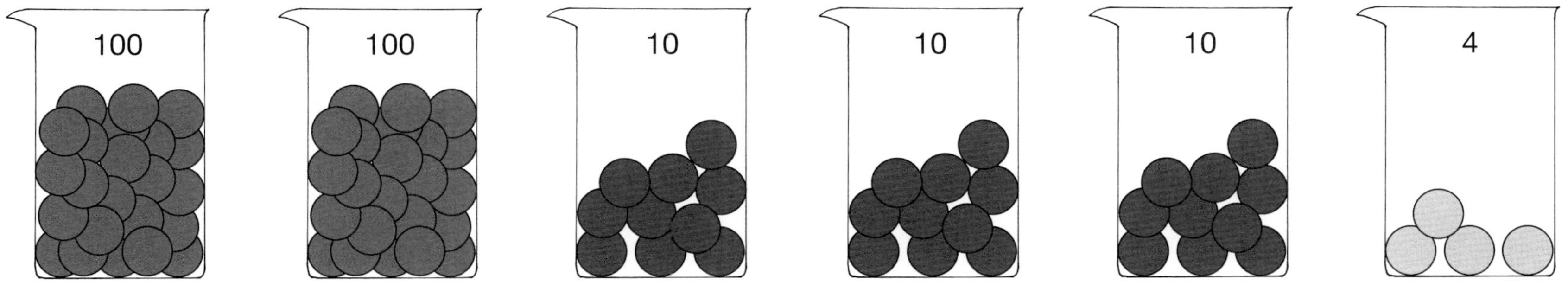

9 | 99	9 | 99	9 | 9	9 | 9	9 | 9	

Rest:

$234 = 2 \cdot 99 + 3 \cdot 9 + (2 + 3 + 4)$

$9 \mid 2 \cdot 99$ und $9 \mid 3 \cdot 9$ und $9 \mid 2 + 3 + 4 = 9$

daraus folgt: $9 \mid 234$

Tafelbild

Teilbarkeit durch 9

234 = 2 · 99 + 3 · 9 + (2 + 3 + 4)
576 = 5 · 99 + 7 · 9 + (5 + 7 + 6)

Eine Zahl ist durch 9 teilbar, wenn ihre Quersumme durch 9 teilbar ist.

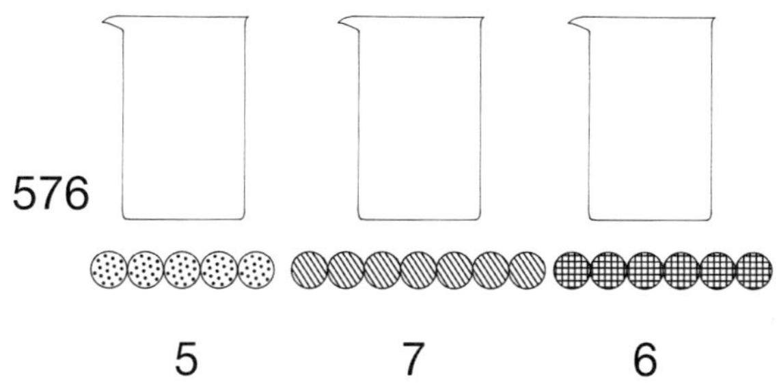

n	Quersumme	9 | n
234	2 + 3 + 4 = 9	9 | 234
576	5 + 7 + 6 = 18	9 | 576
6813	6 + 8 + 1 + 3 = 18	9 | 6813

Teilbarkeit durch 9

Arbeitsblatt 1

1 Prüfe, ob die Zahlen durch 9 teilbar sind. Ergänze die Tabelle durch eigene Zahlen.

n	Quersumme	9 | n
216	2 + 1 + 6 = 9	9 | 216
6291		
5329		
71462		
94950		
353439		

2 a) Färbe die Bläschen mit den Zahlen, die durch 9 teilbar sind. Die anderen streiche zur besseren Übersicht.

b) Male 5 weitere Bläschen und denke dir dreistellige Zahlen aus, die durch 9 teilbar sind.

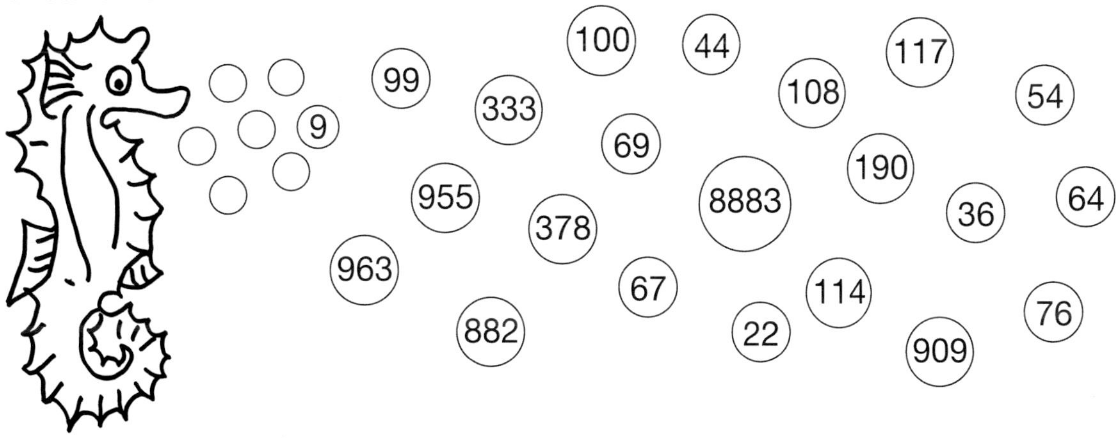

3 Setze für den Platzhalter eine Ziffer ein, sodass die Zahl durch 9 teilbar ist.

a) 41☐2 b) 4☐290 c) 3☐1670 d) 506☐7 e) 3339☐9

f) 458☐ g) ☐7412 h) 136☐2 i) 9946☐9 j) 123456☐

Teilbarkeit durch 9

Arbeitsblatt 2

1 a) Schreibe eine fünfstellige Zahl auf, die durch 9 **und** durch 2 teilbar ist.

b) Schreibe eine fünfstellige Zahl auf, die durch 9 **und** durch 5 teilbar ist.

c) Schreibe eine fünfstellige Zahl auf, die durch 9 **und** durch 4 teilbar ist.

2 Bestimme alle Zahlen zwischen 5 200 und 5 300, die durch 9 teilbar sind.

3 Würfle vier Mal und bilde aus diesen Ziffern eine vierstellige Zahl.
Prüfe, ob diese Zahl durch 9 teilbar ist.

Teilbarkeit durch 9

Arbeitsblatt 1
Lösung

1

n	**Quersumme**	**9 | n**
216	2 + 1 + 6 = 9	9 | 216
6 291	6 + 2 + 9 + 1 = 18	9 | 6 291
5 329	5 + 3 + 2 + 9 = 19	$9 \nmid$ 5 329
71 462	7 + 1 + 4 + 6 + 2 = 20	$9 \nmid$ 71 462
94 950	9 + 4 + 9 + 5 + 0 = 27	9 | 94 950
353 439	3 + 5 + 3 + 4 + 3 + 9 = 27	9 | 353 439

2

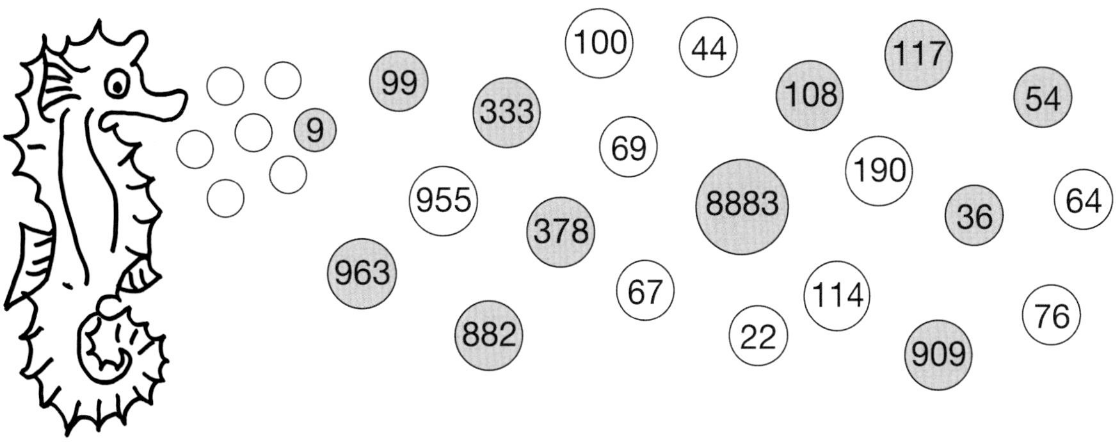

3 a) 41**2**2 b) 4**3**290 c) 3**1**1670 d) 506**0**7 e) 3339**0**9

f) 458**1** g) **4**7412 h) 136**6**2 i) 9946**8**9 j) 123456**6**

✂

Teilbarkeit durch 9

Arbeitsblatt 2
Lösung

1 a) Schreibe eine fünfstellige Zahl auf, die durch 9 **und** durch 2 teilbar ist. ***54 612***

b) Schreibe eine fünfstellige Zahl auf, die durch 9 **und** durch 5 teilbar ist. ***32 445***

c) Schreibe eine fünfstellige Zahl auf, die durch 9 **und** durch 4 teilbar ist. ***15 624***

2 Bestimme alle Zahlen zwischen 5 200 und 5 300, die durch 9 teilbar sind.

5 202, 5 211, 5 220, 5 229, 5 238, 5 247, 5 256, 5 265, 5 274, 5 283, 5 292

Darstellung der 10. Unterrichtsstunde

Thema der Unterrichtsstunde:

Wie die Prozente entstanden sind – Einführung des Prozentbegriffs

Ziele der Unterrichtsstunde:

Groblernziel:

Die Schülerinnen und Schüler sollen Sachverhalte und graphisch dargestellte Bruchteile in der Prozentschreibweise angeben und Prozentangaben graphisch darstellen.

Feinlernziele:

Die Schülerinnen und Schüler sollen …

- … Brüche mit dem Nenner 100 als Prozent identifizieren, indem sie einen Teil von Hundert Perlen vor das Hunderterquadrat legen und den Sachverhalt in der Prozentschreibweise notieren.
- … graphisch dargestellte Hundertstelbrüche benennen und in der Prozentschreibweise angeben.
- … Prozentangaben graphisch darstellen, indem sie Teilflächen eines Hunderterquadrats (farblich) kennzeichnen.
- … vorgegebene Aufgabenstellungen mit Prozentangaben ausführen.

☆ *Zusatzaufgabe:*

Die Schülerinnen und Schüler sollen …

- … verschiedene Prozentangaben grafisch darstellen, indem sie die entsprechende Teilfläche eines Hunderterquadrates farblich kennzeichnen.
- … farblich gekennzeichnete Bruchteile in Prozent angeben.

△ *Didaktische Reserve:*

Die Schülerinnen und Schüler sollen …

- … aus einem vorgegebenen Text die Prozentangaben entnehmen und einer grafischen Abbildung zuordnen.

Unterrichtsverlaufsplan der 10. Stunde

Zeit	Phase	Geplanter Unterrichtsverlauf	Arbeits-, Sozial-, Aktionsform	Medien, Materialien	Didaktisch-/ Methodischer-Kommentar
2 Min.	**Einstieg**	• L. erzählt Teil 1 der Geschichte von einem reichen Kaufmann, Herrn Fugger aus dem 15. Jahrhundert, der 100 Gulden besitzt. (S. 105) • L. legt das Hunderterquadrat aus Perlen auf den OHP. (Alternative: Folie S. 107)	Lehrererzählung	• OHP • Geschichte Teil 1 (S. 105) • Perlenmaterial: Hunderterquadrat Alternative: Folie (S. 107)	Die Geschichte motiviert die Schüler und führt zum Thema hin.
8 Min.	**Erarbeitung 1**	• L. wiederholt, dass der Kaufmann einen Teil den Armen abgeben möchte und legt bzw. malt eine zusätzliche Perle über das Hunderterquadrat. (siehe S. 106) • Frage: Wie kann ich den verschenkten Teil der Gulden als Bruch notieren? • Erwartete SuS-Antwort: 1/100 • L. notiert den Bruch neben das Perlenmaterial. • L. erzählt Teil 2 der Geschichte und erläutert dabei den Prozentbegriff und die Entstehung des Prozentzeichens an der Tafel. 1/ 100 = 1 pro centum (= von Hundert) 1 cto 1 c/o 1 % • L. lässt einen Schüler 15 Perlen vor das Hunderterquadrat legen bzw. malen und den dazugehörigen Bruch mit dem Prozentsatz an die Tafel notieren. • SuS können das Tafelbild ins Heft übertragen.	UG	• OHP • Perlenmaterial: Hunderterquadrat, Zehnerstäbchen und einzelne Perlen Alternative: Folie (S. 107) • Folienstift • Geschichte Teil 2 (S. 105) • Tafel • Tafelbild (S. 106) • Tafel • Schulheft	L. legt bzw. malt eine einzelne Perle über das Hunderterquadrat (siehe Zeichnung S. 106). Diese Anordnung soll die Bruchschreibweise (1/100) verdeutlichen und den Prozentbegriff veranschaulichen. Die Zahl 100 und pro centum werden in der gleichen Farbe geschrieben, um den SuS deutlich zu machen, dass die Zahl durch das Zeichen % ersetzt wird.
10 Min.	**Anwendung 1**	• SuS bearbeiten selbstständig in Partnerarbeit den Partnerauftrag. • Zeitvorgabe: 7 Min. • SuS kontrollieren selbstständig ihre Ergebnisse. • Schnelle SuS können Zusatzaufgabe bearbeiten (zur quantitativen Differenzierung). • Zur Differenzierung liegen Tipps bereit. • SuS kontrollieren selbstständig ihre Ergebnisse.	PA	• Partnerauftrag • Hunderterquadrate (eins pro Team), Zehnerstäbchen, Einerperlen Alternative: Kopien mit Hunderterquadrat, Zehnerstäbchen u. Einerperlen (siehe KV S. 107) • Lösungen Partnerauftrag • Zusatzaufgabe PA (S. 109) • Tipp Zusatzaufgabe • Lösungen Zusatzaufgabe	Das Perlenmaterial bzw. die Folie/ Kopien mit dem Hunderterquadrat wird eingesetzt, um den SuS die Lösung der Aufgaben zu veranschaulichen. Die Eigenverantwortlichkeit der Schüler wird durch die selbstständige Kontrolle der Lösungen gefördert.

Unterrichtsverlaufsplan der 10. Stunde

Zeit	Phase	Geplanter Unterrichtsverlauf	Arbeits-, Sozial-, Aktions-form	Medien, Materialien	Didaktisch-/ Methodischer-Kommentar
4 Min.	**Erarbei-tung 2**	• L. bittet einen Schüler 50% des Hunderterquadrats mit Zehnerstäbchen (Folie S. 107) zu bedecken oder anzumalen. • Schüler notiert den zugehörigen Hundertstelbruch. • Frage: Wie viel ist von dem Hunderterquadrat verdeckt? • Erwartete SuS-Antwort: ½ = Die Hälfte ist verdeckt. • Schüler ergänzt an der Tafel: 50/100 = 50% = ½ • L. lässt einen Schüler 25%, 75% und 100% des Hunderterquadrats bedecken oder anmalen. • SuS können das Tafelbild S. 106) ins Heft übertragen.	UG	• OHP • Folie mit einem Hunderterquadrat, Zehnerstäbchen, Einerperlen (S. 107) • ggf. Folienstift • Tafel • Schulheft	In dieser Phase wird an das bereits Erarbeitete angeknüpft und Prozentangaben werden mit dem Perlenmaterial visualisiert. Damit wird verdeutlicht, dass Prozentangaben die gleiche Funktion wie die Formulierungen „ein Halb" (= 50%) oder „ein Viertel" (= 25%) etc. erfüllen.
5 Min.	**Festi-gung**	• Ein Schüler zieht aus einem Säckchen ein Kärtchen mit einer Aufgabenstellung (siehe S. 110) und liest sie den Mitschülern vor. • Ein anderer Schüler führt die Aufgabe aus.	UG	• Stoffsäckchen • Kärtchen mit Aufgaben (S. 110) • Materialien, die auf Kärtchen aufgeführt sind: Glas, Wasser, Schokolade, Münzen, 8 Bonbons, Stifte	Die Stundeninhalte werden wiederholt und gefestigt.
15 Min.	**Anwen-dung 2**	• SuS bearbeiten AB 1 und 2 • Zur Differenzierung liegen Tipps bereit. • Zeitvorgabe: 10 min • Leistungsstärkere SuS bearbeiten Zusatzaufgabe des AB 2. • L. beobachtet und berät SuS. • SuS kontrollieren selbstständig ihre Ergebnisse.	EA	• AB 1 • Tipps AB 1 • AB 2 • Lösungen AB 1 und 2	Die Zusatzaufgabe AB 2 dient der quantitativen Differenzierung.
5 Min.		*Didaktische Reserve:* • L. knüpft an die Erzählung an und verteilt AB 3. • SuS kontrollieren selbstständig ihre Ergebnisse. AB 3 auch als Hausaufgabe einsetzbar.	EA	• AB 3 • Lösungen AB 3	Die Prozentangaben werden der ikonischen Darstellung zugeordnet, um zu verdeutlichen, dass der Bruch der Prozentangabe entspricht. Alternative: L. verteilt Textkärtchen und Abbildungen mit Bruchteilen an einzelne Schüler. Danach setzen sich Schüler mit den passenden Textkärtchen und Abbildungen nebeneinander.

Wie es zum Prozent kam ...

Jakob Fugger

Teil 1: Heute machen wir eine Zeitreise in die Vergangenheit. Wir gehen viele, viele Jahre zurück – nicht nur 100 oder 200, sondern über 500 Jahre.

Im 15. Jahrhundert wurde in vielen Städten Handel getrieben. Durch den Handel wurden einige Familien reich und mächtig – so wie die Familie Fugger aus Augsburg. Jakob Fugger war bekannt für die besonders aufwändige Herstellung von Münzen.

Eines Tages reiste er aus geschäftlichen Gründen nach Italien. In dieser Zeit herrschte dort eine Hungersnot und er bekam Mitleid mit den armen Familien. Deshalb beschloss er, von seinen 100 Gulden einen Gulden den Armen abzugeben

Anmerkung: Lehrer legt das Hunderterquadrat bzw. Folie auf den Overheadprojektor und eine einzelne Perle darüber. Das entspricht 1/100.

Teil 2: Jakob Fugger war sehr gebildet und beherrschte mehrere Sprachen. Da er oft aus geschäftlichen Gründen nach Italien reiste, konnte er gut italienisch sprechen:

Statt 1/100 sagte er 1 per cento (= eins von Hundert).

Damit Herr Fugger den Überblick über seine Finanzen behielt, hat er seine Ausgaben immer aufgeschrieben. Dabei kürzte er „**1 per cento**“ auf „**1 cto**“. Manchmal schrieb er so undeutlich, dass man statt „1 cto“ nur noch „**1 c/o**“ und schließlich „**1 %**“ erkennen konnte.

Anmerkung: Lehrer schreibt die fett gedruckten Textteile beim Erzählen an die Tafel.

Projektion OHP: Erarbeitung 1

$\frac{1}{100}$

$\frac{15}{100}$

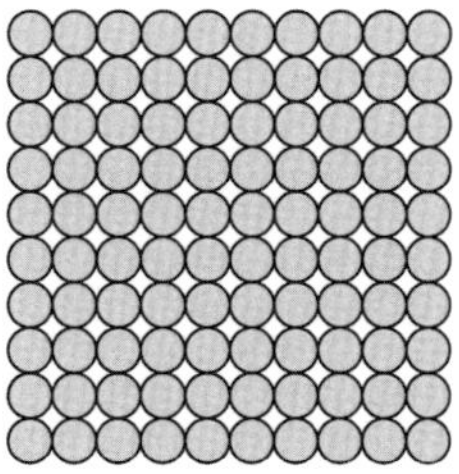

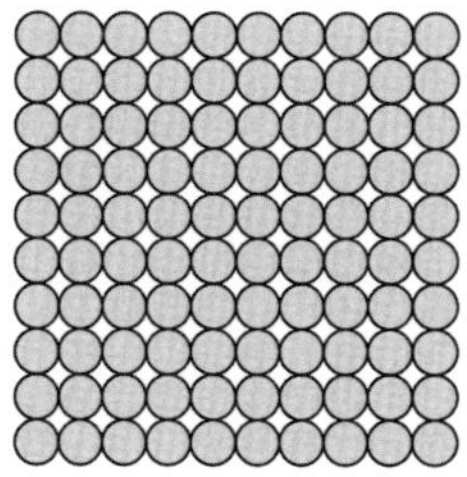

Tafelbild

Prozent

$\frac{1}{100}$ = **1 per cento (= von Hundert)**
1 cto
1 c/o
1 %

Projektion OHP: Erarbeitung 2

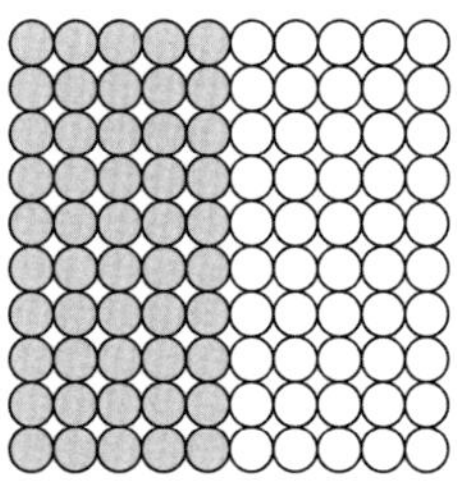

$\frac{50}{100} = 50\ \% = \frac{1}{2}$

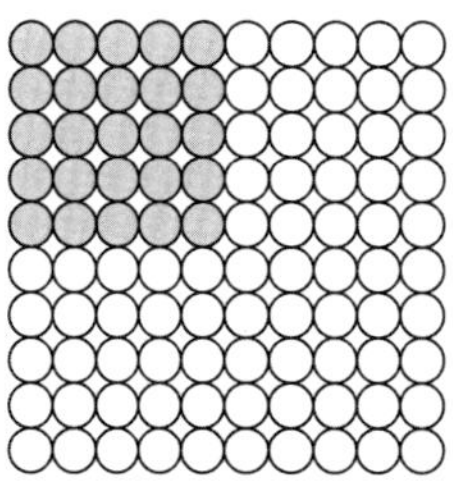

$\frac{25}{100} = 25\ \% = \frac{1}{4}$

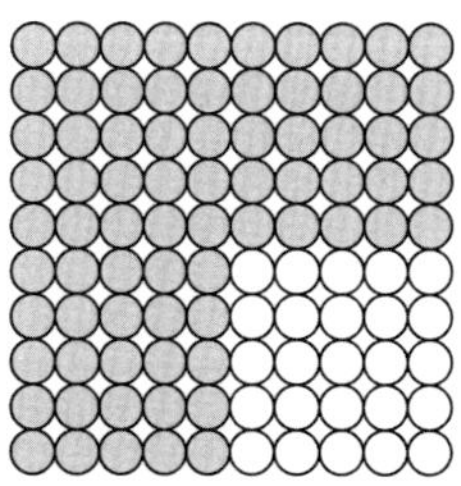

$\frac{75}{100} = 75\ \% = \frac{3}{4}$

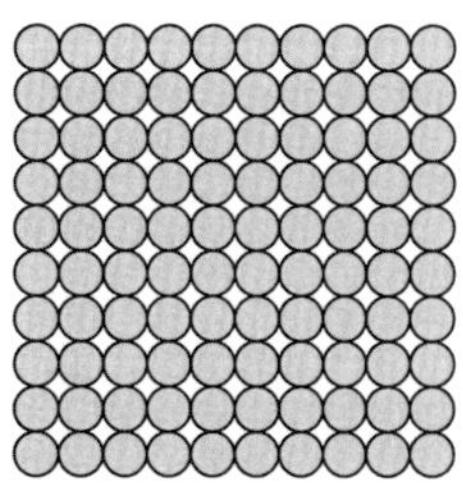

$\frac{100}{100} = 100\ \% = 1$

Hunderterquadrat

Zehnerstäbchen

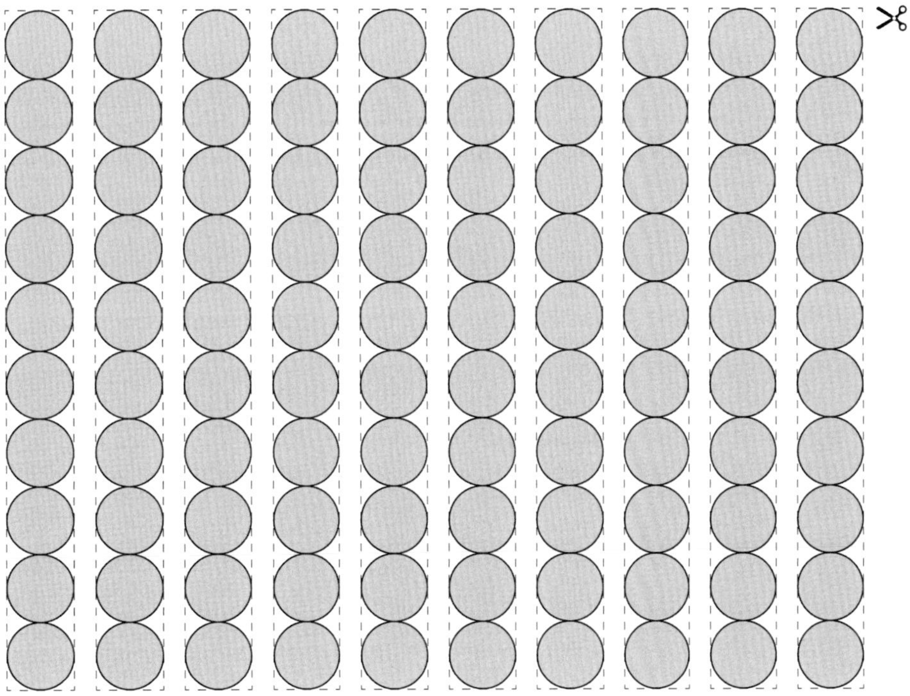

Einerperlen

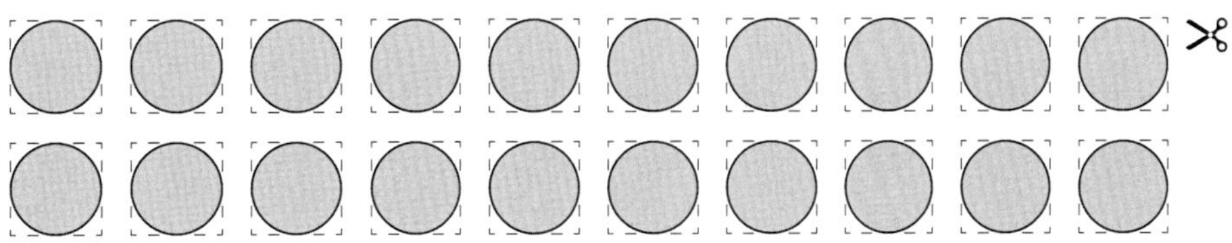

Partnerauftrag: Angaben in Prozent

1 Legt die vorgegebene Anzahl der verschenkten Gulden (Perlen) über das Hunderterquadrat und schreibt die Darstellung als Bruch. Gebt den Bruch in der Prozentschreibweise an.

Anzahl der verschenkten Gulden	8	17	50	25	33	75
Bruchschreibweise	$\frac{8}{100}$					
Angabe in Prozent	8 %					

2 Gebt den markierten Anteil als Bruch und in der Prozentschreibweise an.

a)

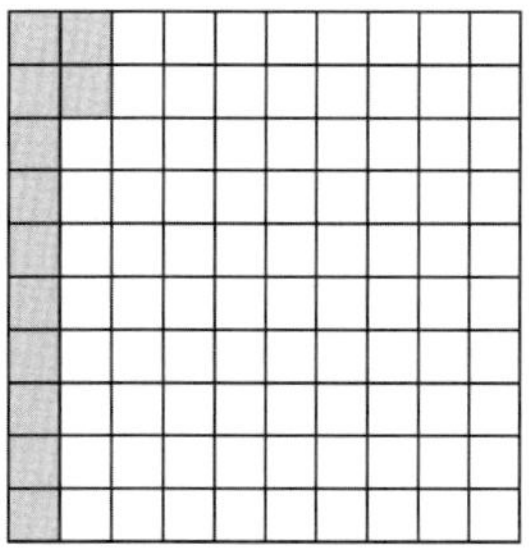

$\frac{12}{100}$ = 12 %

b)

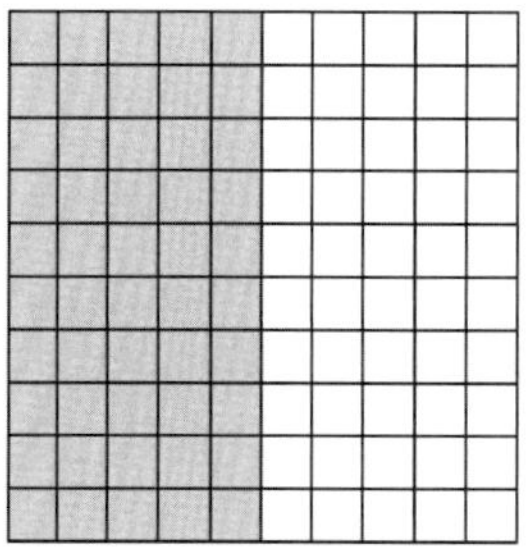

c)

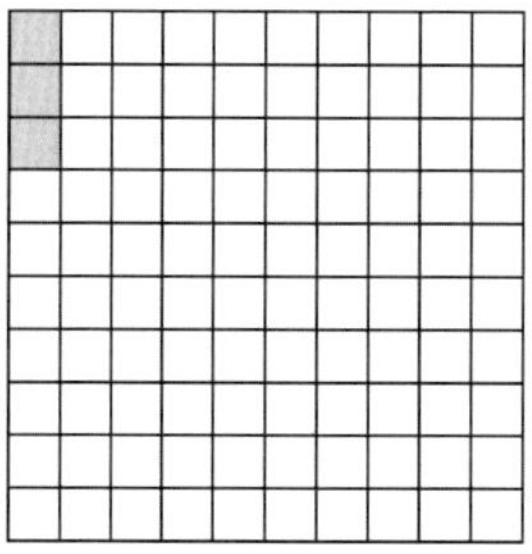

d)

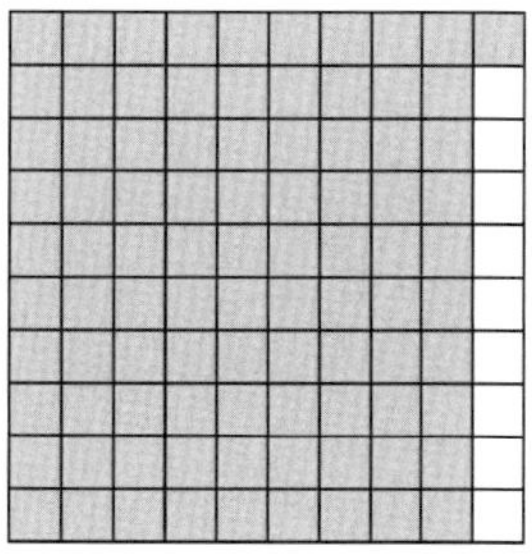

e)

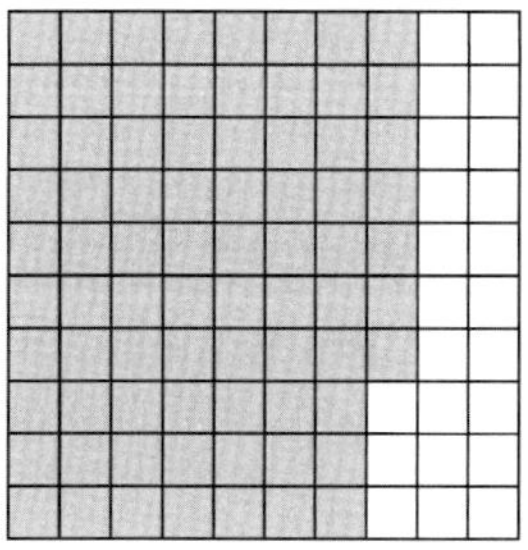

f)

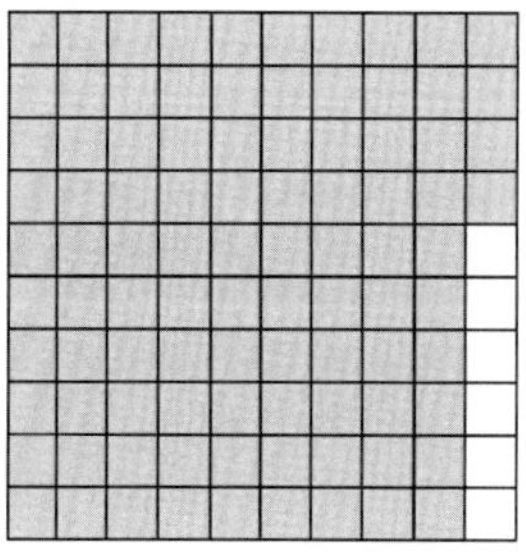

g)

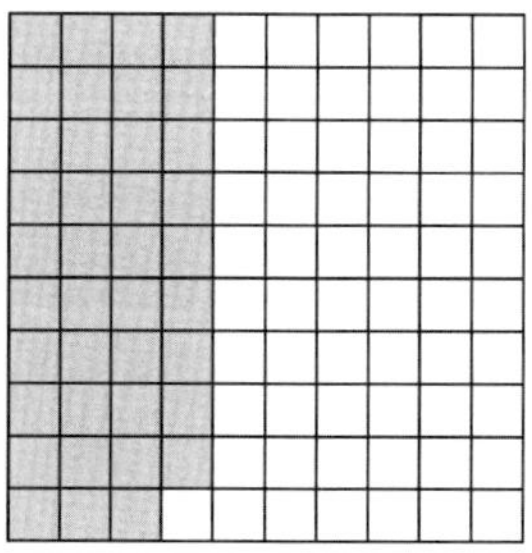

h)

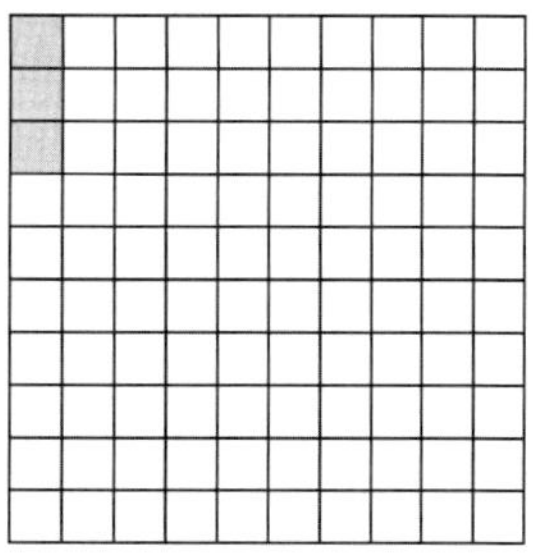

Zusatzaufgabe zum Partnerauftrag

Färbt jeweils den angegebenen Prozentanteil.

a) 30 %

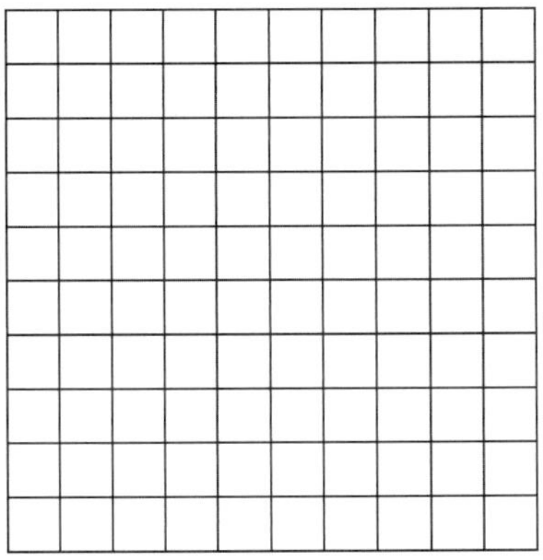

b) 89 %

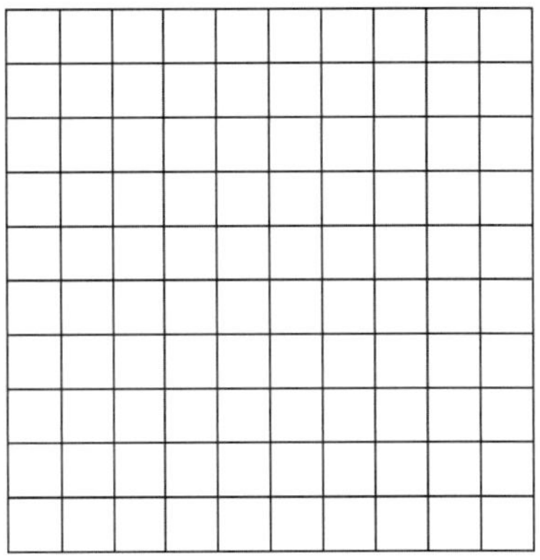

c) 20 %

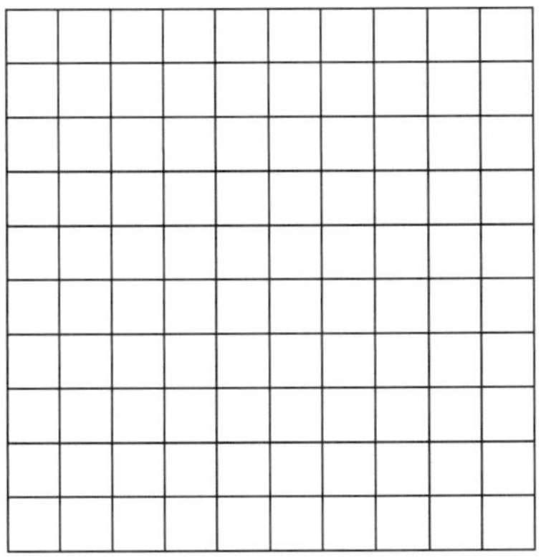

d) 15 %

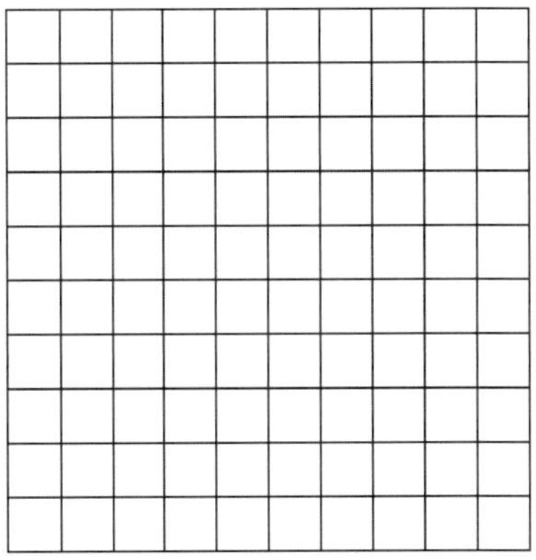

e) 50 %

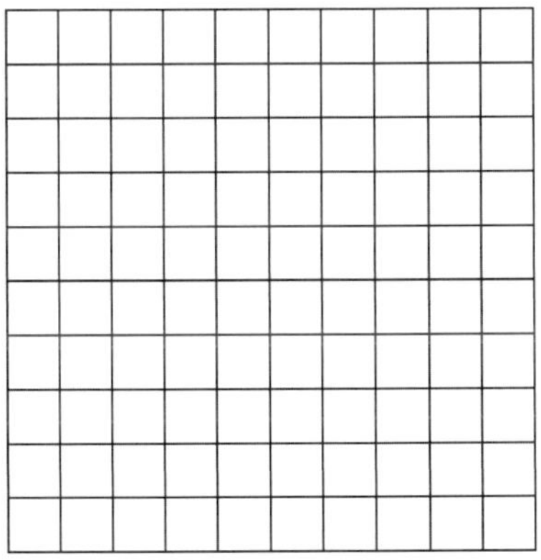

f) 75 %

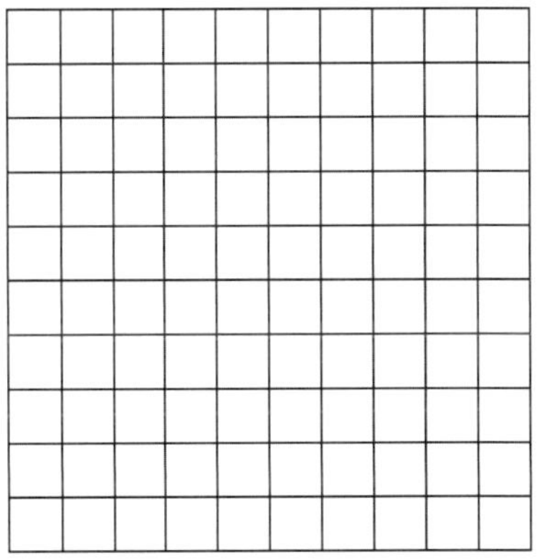

g) 0 %

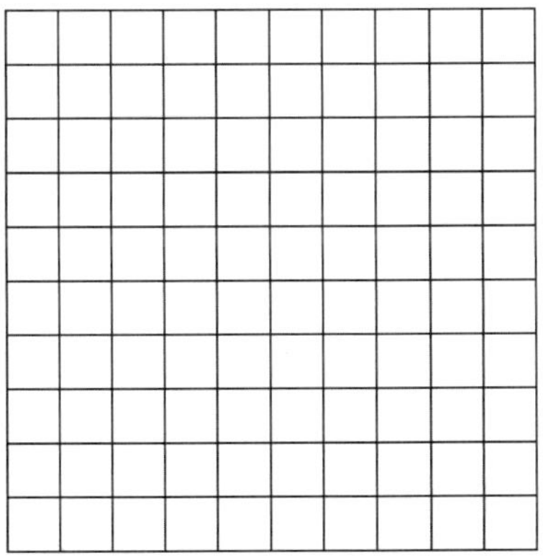

h) 25%

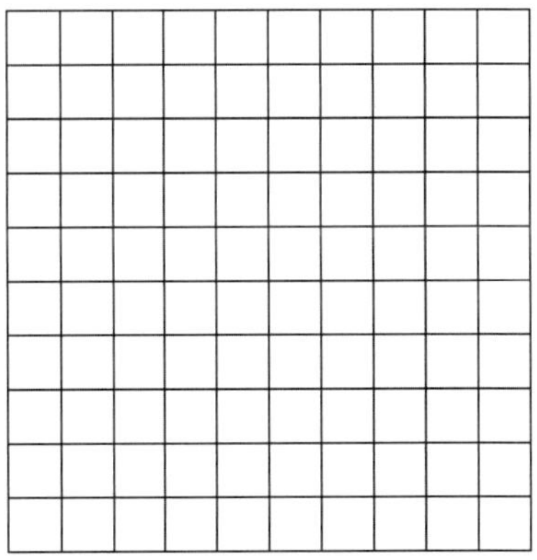

Falls ihr nicht weiter wisst, holt euch einen TIPP!

Aufgabenkärtchen mit Prozentangaben

1	Fülle 50 % des Glases mit Wasser.
2	Gib 25 % der Schokolade deiner Mathematiklehrkraft.
3	Lege 100 % der Münzen auf die Fensterbank.
4	Gib 75 % von 8 Bonbons deinem Sitznachbarn.
5	Lege 50 % deiner Stifte auf das Lehrerpult.
6	Bestimme von den Personen deiner Klasse 25%, die aufstehen sollen.
7	Bestimme 50 % der Personen in deiner Klasse, die aufstehen und ihren Mitschülern zuwinken sollen.
8	Bilde mit 100 % deiner Mitschülerinnen ein Quadrat.
9	Bilde mit 75 % deiner Mitschüler einen Kreis.

Prozentangaben zuordnen

Arbeitsblatt 1

1 Schreibe zu jeder Abbildung den Bruch auf.
Verbinde die Prozentangaben mit der entsprechenden Abbildung.

a)  ______

b) 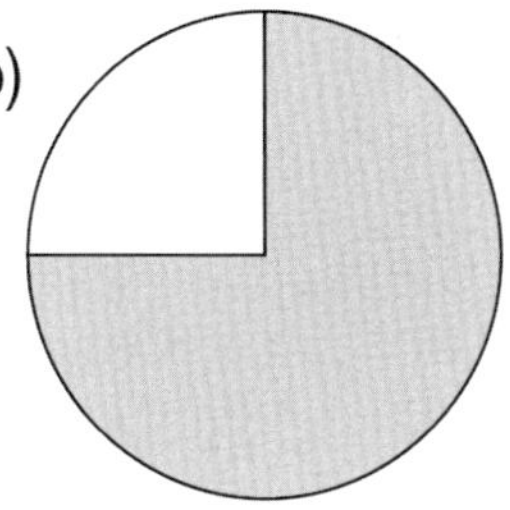 ______

c) 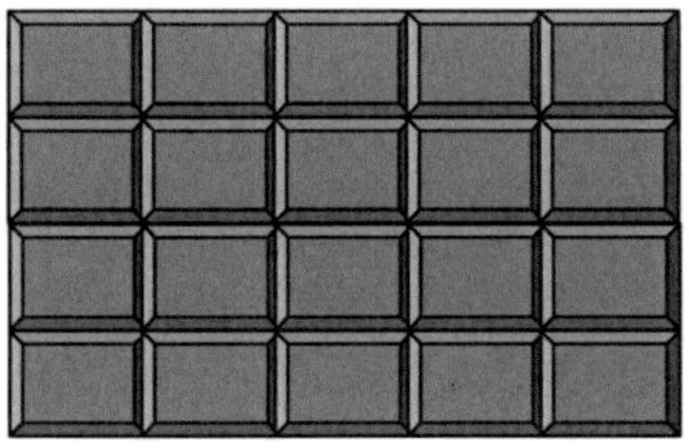 ______

d)  ______

e) 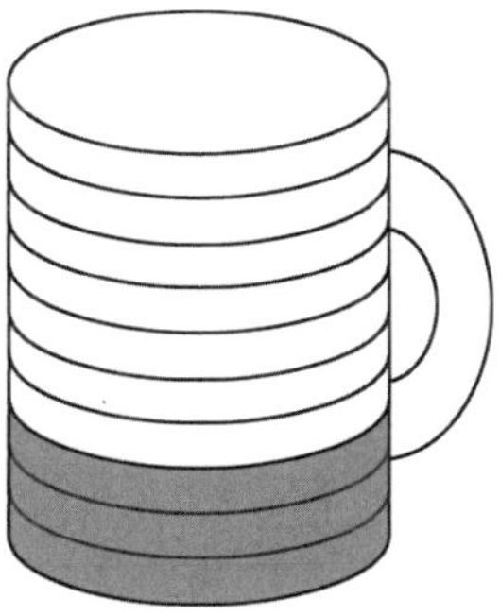 ______

f) 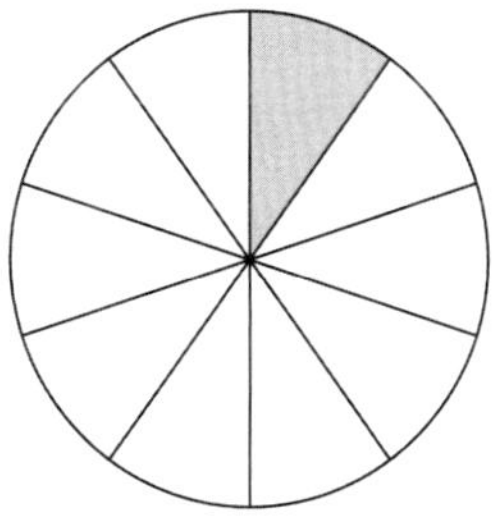 ______

50 %

25 %

100 %

10 %

75 %

20 %

30 %

g) 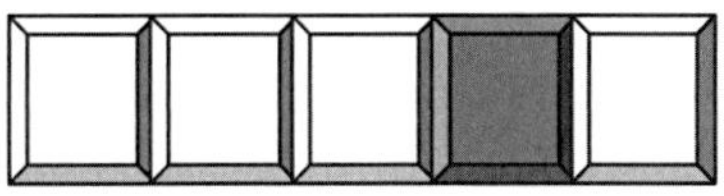 ______

Falls du nicht weiter weißt, hole dir einen TIPP!

Arbeitsblatt 2

1 Schreibe jeweils einen vollständigen Satz mit der entsprechenden Prozentangabe auf.

Beispiel: Von dem Saft ist nur noch ***die Hälfte*** *übrig.*
Von dem Saft sind nur noch ***50 %*** *übrig.*

a) Tom isst an seinem Geburtstag ***ein Viertel*** der Torte.

____

b) Von 100 Schülern spielen ***10 Schüler*** ein Musikinstrument.

____

c) ***Drei Viertel*** der Schüler kommen mit dem Bus zur Schule.

____

d) Im Kino sind ***alle*** Plätze besetzt.

____

e) ***Niemand*** aus der 5. Klasse ist in Wolfsburg geboren.

____

Zusatzaufgabe ☆

Wie groß ist der Anteil der verschieden markierten Flächen am großen Rechteck? Gib in Prozent an.

a) ☐ weiße Fläche: ____________

b) ☐ graue Fläche: ____________

c) ☐ gestrichelte Fläche: ____________

d) ☐ gepunktete Fläche: ____________

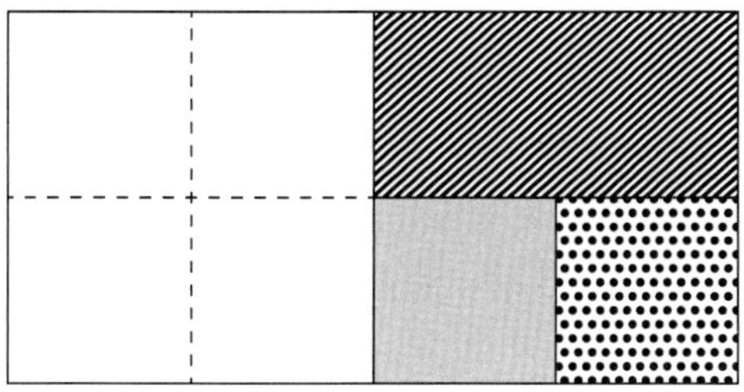

Prozentangaben zuordnen

Arbeitsblatt 3

Verbinde die Prozentangaben mit den passenden Bruchdarstellungen.
Trage den Lösungsbuchstaben für jede Aufgabe in die unteren Felder ein.
Du erhältst ein Lösungswort.

1	Da die Familie Fugger immer reicher wurde, hatte Herr Fugger für seine Gulden einen speziellen Platz. 50 % seiner Gulden bewahrte er in einer besonderen Truhe auf.
2	Im 15. Jahrhundert herrschte Krieg zwischen England und Frankreich. 75 % der Männer sind in den Krieg gezogen.
3	Herr Fugger war streng gläubig. Er spendete 25 % seiner Gulden an die katholische Kirche.
4	Herr Fugger hatte keine eigenen Kinder. Deshalb bekamen nach seinem Tod seine Neffen 100 % des Vermögens.
5	Zu Herrn Fuggers Lebzeiten gab es große Unterschiede zwischen Arm und Reich. 80 % der Menschen gehörten zu den armen Bürgern.

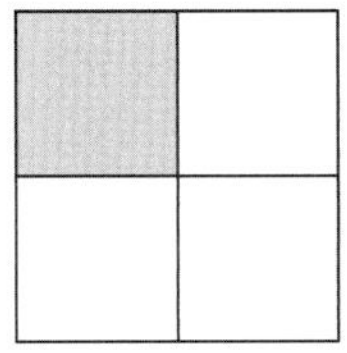

K

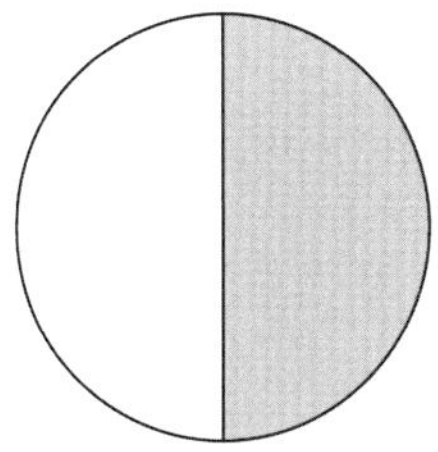

J

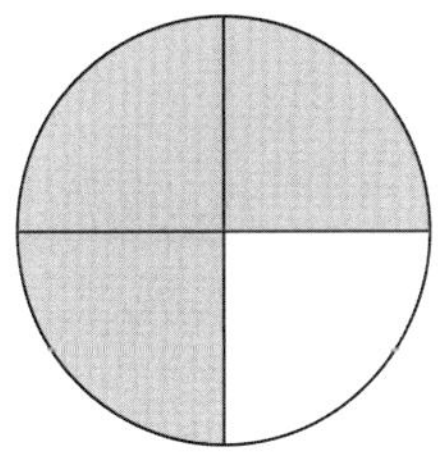

A

O

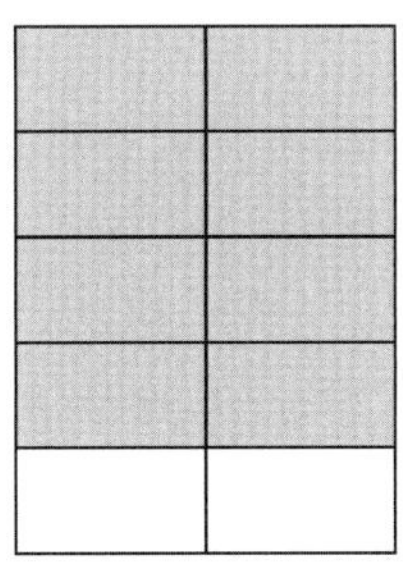

B

1	**2**	**3**	**4**	**5**

Zusatzaufgabe – Partnerauftrag

TIPP

$30\ \% = \frac{30}{100}$ Färbe 30 Teile von 100 Teilen.

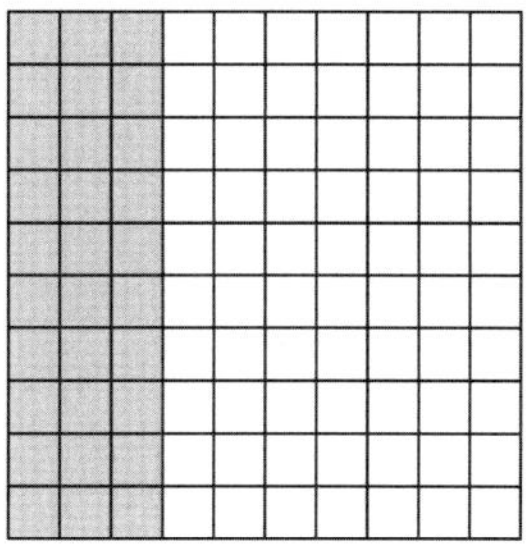

✂

Partnerauftrag: Angaben in Prozent

Lösung

1

Anzahl der verschenkten Gulden	8	17	50	25	33	75
Bruchschreibweise	$\frac{8}{100}$	$\frac{17}{100}$	$\frac{50}{100}$	$\frac{25}{100}$	$\frac{33}{100}$	$\frac{75}{100}$
Angabe in Prozent	8%	17 %	50 %	25 %	33 %	75 %

2 a) $\frac{12}{100} = 12\ \%$ b) $\frac{50}{100} = 50\ \%$ c) $\frac{3}{100} = 3\ \%$ d) $\frac{91}{100} = 91\ \%$

e) $\frac{77}{100} = 77\ \%$ f) $\frac{94}{100} = 94\ \%$ g) $\frac{39}{100} = 39\ \%$ h) $\frac{3}{100} = 3\ \%$

Zusatzaufgabe zum Partnerauftrag ☆ Lösung

a)

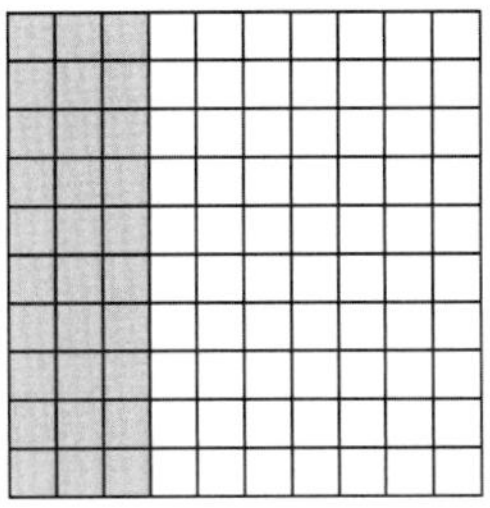

30 %

b)

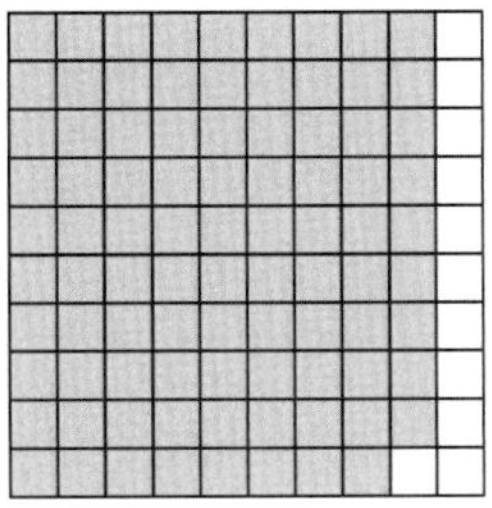

89 %

c)

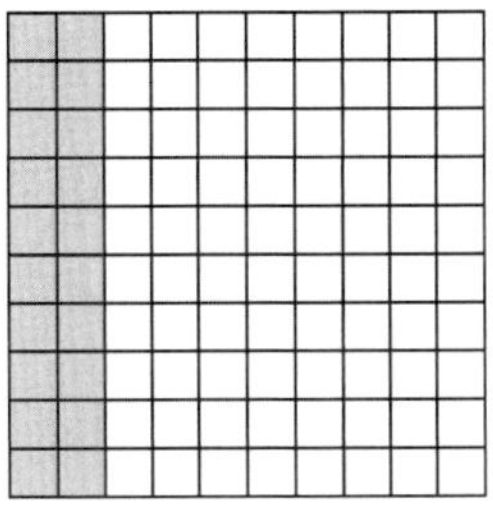

20 %

d)

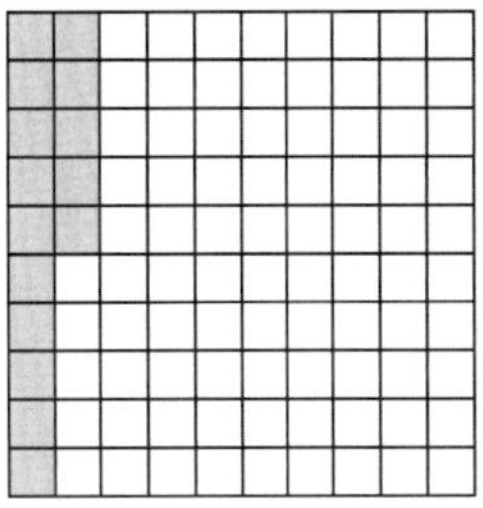

15 %

e)

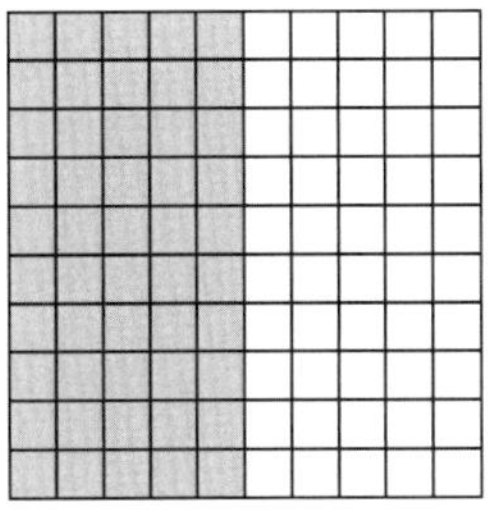

50 %

f)

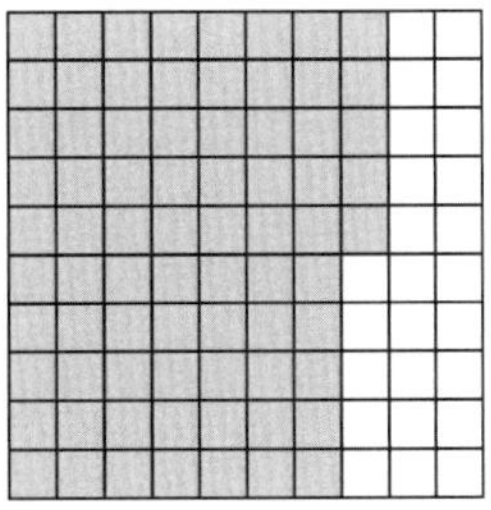

75 %

g)

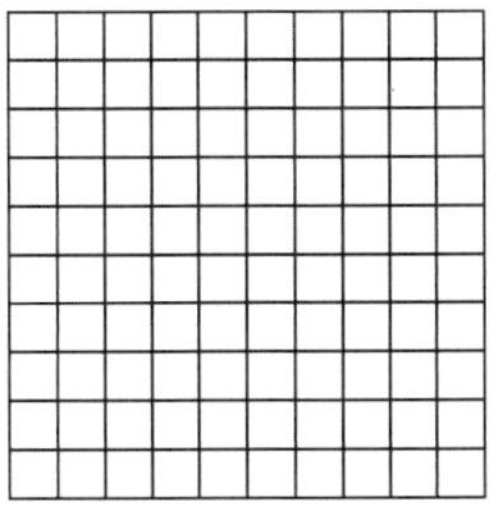

0 %

h)

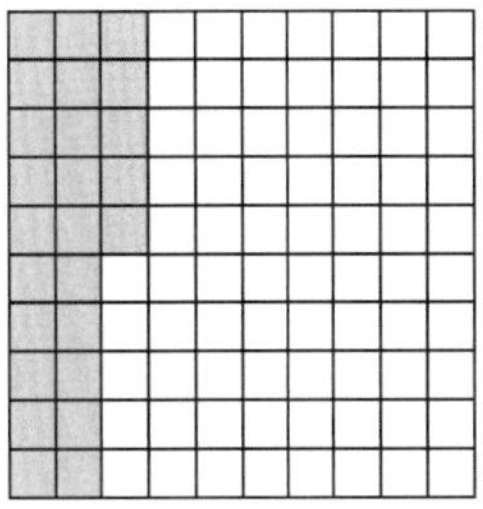

25 %

Prozentangaben zuordnen

Arbeitsblatt 1 Lösung

a) $50\,\% = \frac{50}{100} = \frac{1}{2}$ b) $75\,\% = \frac{75}{100} = \frac{3}{4}$ c) $100\,\% = \frac{100}{100} = 1$

d) $25\,\% = \frac{25}{100} = \frac{1}{4}$ e) $30\,\% = \frac{30}{100} = \frac{3}{10}$ f) $10\,\% = \frac{10}{100} = \frac{1}{10}$

g) $20\,\% = \frac{20}{100} = \frac{1}{5}$

Arbeitsblatt 2 Lösung

a) Tom isst an seinem Geburtstag ***ein Viertel*** der Torte.

Tom isst an seinem Geburtstag ***25%*** der Torte.

b) Von 100 Schülern spielen ***10 Schüler*** ein Musikinstrument.

Von 100 Schülern spielen ***10 %*** ein Musikinstrument.

c) ***Drei Viertel*** der Schüler kommen mit dem Bus zur Schule.

75 % der Schüler kommen mit dem Bus zur Schule.

d) Im Kino sind ***alle*** Plätze besetzt.

Im Kino sind ***100 %*** der Plätze besetzt.

e) ***Niemand*** aus der 5. Klasse ist in Wolfsburg geboren.

0 % der Schüler aus der 5. Klasse sind in Wolfsburg geboren.

✂

Zusatzaufgabe ☆

Arbeitsblatt 2 Lösung

a) weiße Fläche: ***50 %***

b) graue Fläche: ***12,5 %***

c) gestrichelte Fläche: ***25 %***

d) gepunktete Fläche: ***12,5 %***

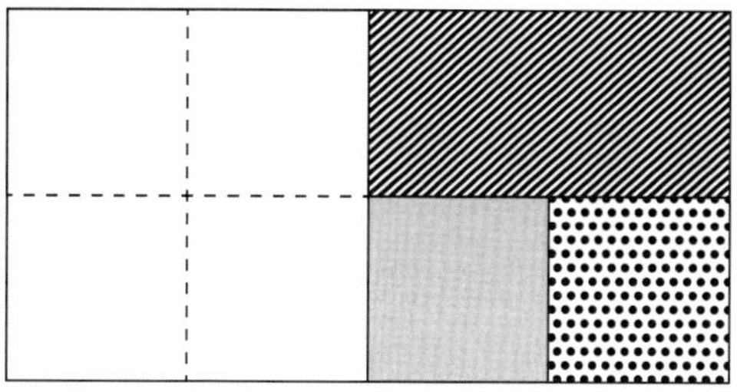

✂

Prozentangaben zuordnen

Arbeitsblatt 3 Lösung

Das Lösungswort lautet:

J	A	K	O	B
1	2	3	4	5

Die Schüler werden in Gruppen eingeteilt.
Jedes Gruppenmitglied erhält eine spezielle Funktion.
Sollten weniger als sechs Schüler in einer Gruppe sein, kann ein Schüler auch zwei Funktionen (z. B. Material- und Zeitmanager) übernehmen.

Materialmanager

Zeitmanager

Lautstärkenwächter

Schriftführer

Prüfer

Präsentator

Notizen